玉井義臣会長（2010 年 10 月）

秋篠宮ご夫妻があしながウガンダ・レインボーハウスをご訪問。
写真左から玉井会長、サラちゃん、
秋篠宮殿下、同妃殿下、西本光里さん
（2012 年 6 月 13 日、八木沼卓　撮影）

ムセベニ大統領（中央）も出席して開かれた
あしながウガンダ・レインボーハウス竣工式
（2003 年 12 月）

天皇・皇后両陛下を神戸レインボーハウスに
お迎えする玉井会長（2001 年 4 月 24 日）

JR 大船渡駅で、あまりの惨状に言葉を失う
大学奨学生（2011 年 4 月 14 日）

米国のバッサー大学にて。
左からキャサリン・ヒル学長、玉井会長、
金木正夫会長特別補佐（2012 年 5 月 15 日）

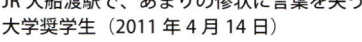

志高く
WORK HARDで
がんばらなあかん

玉井義臣―あしなが運動のすべてを語る

「メディアウオッチ100」編

同時代社

表紙写真　渋谷敦志

まえがき

時計の針を37年前に戻す――。

１９７５年当時、私は毎日新聞東京本社特別報道部に所属し、「キャンペーン75」という企画記事を書いていた。その中で財団法人・交通遺児育英会の活動ぶりを紹介することにし、その事務所を訪ねた。そこで会ったのが専務理事だった玉井義臣さん（現「あしなが育英会」会長）であり、広島大学を卒業後、同育英会に就職して3年目の若手職員・藤村修さん（衆院議員・現内閣官房長官）だった。

この当時、玉井さんたちは「母子家庭の母親の雇用促進法」の制定運動に取り組んでいた。私自身が同じ境遇で育ったこともあり、この運動にシンパシーを感じ、何度も記事にした。交通遺児救済活動の意義や同雇用促進法の必要性などを熱く語る玉井さん。その玉井さんを、静かだが、しっかりと支え続けている藤村さんの姿を見て、これは絶妙なコンビだなと思ったものである。

その後、私は政治部に移り、首相官邸での首相番記者を振り出しに永田町や霞が関を駆け回った。

その忙しさにかまけて2人と会うことはなかった。不義理の段、お詫びしなければならない。

２０１０年暮れ、今西光男さん（朝日新聞政治部ＯＢ）に誘われ「メディアウオッチ１００」という新しいメディアの発刊活動に参画し、２０１１年3月から実際に発行しはじめた。同紙はＷｅｂ上の情報紙である。執筆陣には新聞・放送記者ＯＢなどを中心に１８６人が「同人」として参加している。

同人の一人に峰崎直樹さん（前参院議員、現内閣官房参与）がいた。同年暮れ、峰崎さんが藤村修官房長官に「こんなニューメディアがあり、こういう記事が出ていますよ。ご参考に」と「メディアウオッチ１００」を見せたところ、そこに私の名前があった。それを見た藤村さんが、私がまだ「生きている」ことに気づき、峰崎さん、今西さん経由で私に連絡をとってくれた。おかげで藤村さんはもちろん、玉井さんとも37年ぶりに再会することができた。３人の縁を「メディアウオッチ１００」が取り持ってくれたのである。


前置きが長くなってしまった。本題に入る――。

その後、今西さんと私で、玉井さんにインタビューを申し込み、その軌跡を「メディアウオッチ１００」紙上で紹介しようということになった。その結果、実現したのが「あしなが運動半世紀の真相を語る――交通遺児や災害遺児たちに寄り添って」である。その詳細は「メディアウオッチ１００」の第１７８号（12年4月30日付）から第１８７号（5月21日付）まで7回にわたって掲載された。

インタビュー記事の掲載を終えて深く感じ入ったことは、玉井さんのあしなが運動は、日本国内の交通遺児の救済にとどまらず、世界にその幅を広げている、ということだった。そのスケールの大きさに驚くとともに、書き残したこと、伝えきれなかったことがあまりにも多すぎるという思いが湧いてきた。

そこで誕生したのがこのブックレットである。なかでもアフリカ・ウガンダ共和国を舞台にしたHIVエイズ遺児の救済活動は、凡庸な私たちには思いつかないような壮大な取り組みと言っていい。その詳細は第1章で紹介した。

第2章および第3章は、「メディアウオッチ100」で連載したものに加筆・修正を加えたものである。

序章および第4章では、内外から玉井さんの活動ぶりを見てきた人たちに「私の『玉井義臣論』」を語ってもらった。

ブックレットの作成にあたっては、玉井さんをはじめ、あしなが育英会のスタッフの方々に大変お世話になった。出版を引き受けてくれた㈱同時代社の高井隆さんにもお礼を申し上げたい。当ブックレットに登場していただいたすべての方々にも深く感謝申し上げます。

2012年8月16日

仮野忠男（毎日新聞政治部記者・論説委員OB）

目次

志高く　WORK HARDでがんばらなあかん

玉井義臣――あしなが運動のすべてを語る

に調査チームを派遣／ナンサナ村を拠点に／エイズ遺児6人を日本に招待／浮上したエイズ遺児への教育支援／レインボーハウスで「寺子屋」を開始／ウガンダ国立マケレレ大学で講演／「高い志を持ち、WORK HARDを」／秋篠宮ご夫妻の訪問を受ける／米国の名門バッサー大学と提携／小説『あしながおじさん』出版から100年／合唱隊による合同演奏会実現へ／「NEW INTERNATIONAL ASHINAGASAN」を募集／副会長に堀田力、副田義也、樋口恵子氏らが新たに就任

第2章　あしなが運動半世紀の真相を語る

原点は交通事故死した母の「敵討ち」だった／東大脳神経外科講師の証言／テレビで交通戦争の実情や自賠責保険の問題を指摘／各大学が脳神経外科の設置に動く／交通遺児の救済・支援活動が私の天職／若者たちによる街頭募金活動がスタート／交通遺児の全国実態調査を約束・実施した田中龍夫長官／佐藤栄作首相も受け入れた交通遺児育英会の設置／全国の大学生たちが交通遺児救済活動に立ち上がる／各地に「交通遺児を励ます会」が発足／山本孝史氏、藤村修氏ら多くの人材が結集／参院選出馬の打診／山本、藤村両氏が「細川新党」から出馬／緒方洪庵の「適塾」を参考に「心塾」を開設／災害・病気遺児の支援運動／減り始めた交通事故／中曽根、竹下両首相は賛意を示した／橋本龍太郎氏が示した船舶振興会の活用案／橋本氏の案を拒否、大喧嘩に発展／育英会の理事会で噴出した背任批判／育英会の

本文写真 渋谷 敦志
あしなが育英会
地図作成 フジ企画

序章　利己的ではなく利他的であることが力になっている

堀田　力
（さわやか福祉財団理事長）

出会いは検事時代の１９６７年秋だった

玉井さんと知り合ったのは１９６７年の秋でした。その当時、私は法務省刑事局の局付検事として業務上過失致死傷罪の強化に取り組んでいました。まだ一番若い下っ端でしたが……。

当時の国民の方々の自動車事故に対する反応から、上限が禁錮3年だったものを5年に引き上げるための法案を国会に提出していました。しかし、当時は今と違って刑事罰を重くすることについて「弾圧の手段を強化するものだ」といった反対の声が強く出されており、法務省としては国民の理解を得る必要がありました。「とにかく刑を重くするのはダメ」という観念的な反対論が強く、新聞各紙からの支援も少なかった。

そこでテレビの「桂小金治アフタヌーンショー」に出演し、交通事故に対する厳罰化を主張していた玉井さんの協力を求めようということになったんです。玉井さんの主張は説得力を持っていましたからね。

業務上過失致死傷罪の強化で共同戦線

刑事局の幹部とともに玉井さんに会い、法案の成立に向けて共同戦線を組むことになりました。それが玉井さんとの出会いでした。[1]

1　玉井氏によると、この時の会合は玉井氏が法務省に出向いて実現したという。「会いたい」と要請してきたのは、この当時、同刑事局の総務課長を務めていた伊藤榮樹氏（1925年2月～1988年5月）だった。伊藤氏は後に法務事務次官を経て検事総長に就任した。88年3月に退官し、朝日新聞紙上で回顧録『秋霜烈日』（朝日新聞社）を連載、その直後に盲腸ガンにより逝去した。

そのころの玉井さんは母親が交通事故死してまだ4年後のことでしたから、その恨みを晴らすという気持ちが強く、交通遺児を救うというよりも、「私」の感情が全面的に強かったですね。しかし、自分のあるがままの気持ちをさらけだしていました。率直、純粋で、飾らない人という印象でした。そこが玉井さんの特質であり、多くの人々の共感を得るところだと思いました。禁錮刑の強化に関して玉井さんはもちろん賛成という姿勢でした。「もっと頑張れ」と言い、数少ない外部の応援団になってくれました。法案はかろうじてでしたが、成立しました。

その後、玉井さんとの付き合いはしばらくの間、途切れました。しかし、私が1991年に退官し、ボランティアを広めようという活動を始めた時、玉井さんから手紙が来ました。「頑張れ」という内容だったと記憶していますが、それをきっかけにして付き合いが再開されました。玉井さんは、91年に私が始めた「さわやか福祉推進センター」を支援してくれたり、センターの会員総会であいさつしてくれたりしました。ボランティアの世界の大先輩として何かと教わりました。

玉井さんが告訴された事件で陰ながら支援

1994年に玉井さんは財団法人・交通遺児育英会の専務理事を辞任されたのですが、その後、交通遺児育英会の学生募金事務局が集めたおカネの半分を育英会に、残りの半分を「災害遺児の高校進学をすすめる会」に分配したのは背任の罪などにあたるとして、東京地検に告発され、特捜部が捜査に動き出しました。[2]

この時、告発したのは、総理府（当時）の官僚たちが作った団体で、バックにいたのは橋本龍太郎氏（当時蔵相。後に首相）でした。当時、私はすでに弁護士免許を持っていました。しかし、弁護士活動は一切しないと公言していましたから、玉井さんの件で私が弁護人として表に出ることはありませんでした。代わりに私は友人として玉井さんにアドバイスしたり、内々に検察庁の状況を調べたりしました。

当時の検察庁は玉井さんがやっていた交通遺児の救済活動の意義をまったく理解していませんでし

た。そこで私はしっかり理解してもらいました。最終的に玉井さんに対する処分は不起訴でした。

2 この件に関して玉井氏は「理事会の冒頭で、学生募金事務局長が発言を求め、『募金の経費は交通遺児育英会が持ち、募金額の半分は育英会に、残りの半分は災害遺児の会に寄付し、災害遺児奨学制度が発足した時にこのおカネを使ってほしい』と理事諸氏に訴え、理事会はこれを承認した」と主張。さらに玉井氏は、後日その録音テープを提出し、理事に再確認してもらったとし、背任の罪の疑惑を明快に否定した。

また官僚たちは玉井氏が抜けた育英会で、多額のおカネを用意し、何かと事件を捏造して玉井氏と運動してきた職員に対して訴訟を起こすなど裁判費用を乱費。なかには敗訴して職員に賠償金を支払うというケースもあった。要するに玉井派を追放すればいいという感じだった。

玉井氏と運動仲間のほとんどは交通遺児育英会を追い出され、山本孝史氏（元衆院議員・故人）や藤村修氏（現内閣官房長官）ら「創業メンバー」は「災害遺児の高校進学をすすめる会」に移り、災害遺児の奨学金制度づくりに没頭した。

また理事会で承認された上で発刊した『交通遺児育英会二十年史』の大半を廃棄した。玉井氏は「まさに〝焚書坑儒〟だった」と述懐している。

玉井さんという人は純粋で真っすぐな人です。ただし、ガードが固いとは言いかねる面もあります。付け込もうとすれば隙がないわけではありません。玉井さんが作った交通遺児育英会から玉井さんを追い出した相手は官僚ＯＢですから、そういうところは巧みです。玉井さんは一瞬の隙に乗ぜられたということでしょうね。

大英断だと思った津波遺児への２００万円支援

その後、玉井さんはあしなが育英会の活動に全力を傾けるわけですが、あしなが運動は、今やかつての交通遺児育英会の活動を凌駕するまでになっています。私は「新しいふれあい社会づくりの実現」を目指していますが、その活動を続けるうえで玉井さんから学ぶことが圧倒的に多かったですね。それは、率直な人柄で訴えていく、メディアからの理解を得ていく、などです。ほかにもボランティア活動への取り組み方やファンドレイジング（基金のための募金）の進め方などについても学びました。他方で時折、誘われて一緒にお酒を飲むなど検事時代以上に親密な付き合いをさせてもらいました。

２０１１年3月11日の東日本大震災の時には「一緒に街頭に立ってほしい」との要請を受け、東京・有楽町での街頭募金活動に、女優の紺野美沙子さんらと一緒に立ちました。玉井さんは、津波遺児に1人当たり２００万円を提供したわけですが、これは大英断でしたね。さすがだなと思いました。

その後、玉井さんはアフリカのエイズ遺児救済に動き出すわけですが、これも玉井さんの凄いところだと思います。生きる目的が自然と人間的な方向に広がっていったということだと思います。

最初に会ったころは、交通事故で母親を亡くしたという私怨の思いの方が強く、それが刑の厳罰化という訴えになっていました。この点はすでにお話しした通りです。しかし、そうした訴えを続けているうちに玉井さんは「交通事故の被害者は母親や自分だけではない。交通遺児はたくさんいる」ということに気づき、彼らを救おうという気持ちになったのだと思います。いわば〝恨みの度量〟のようなものが、人間的になんとかしたいというボランティア精神へと変わっていったということではないでしょうか。

視点は日本から海外へ

そして交通遺児だけでなく、災害、テロ、戦争遺児などの救済を続けているうちに自然と日本から海外へと視点が広がっていきました。それがブラジルと日本の青少年交流であり、今、新たに取り組み始めているエイズ遺児救済活動だと思います。そうした過程は、人間としての大きな成長であり、しかもそれが自然だということです。思ったらすぐに行動を起こす。これも玉井さんの凄いところであり、素晴らしいところだと思います。

玉井さんがアフリカ・ウガンダのエイズ遺児、さらにはサブサハラの国々の遺児に対する教育支援に行きついたのは必然的だったと言っていいのではないでしょうか。

どうしてかと言いますと、人類は18世紀から19世紀をピークにして国単位で利権を争ってきました。それが少しずつグローバル化し、利権を獲得するために争う世界から、各国家が連携し、人類全体に目を向ける時代になってきました。これこそ自然な進歩であり、人類の成長だと思いますが、玉井さんの中でも同じような発展があったのではないでしょうか。

そして「こうしよう」と思った時の社会の状況に対する玉井さんの読み込みや仕掛け方もしっかりしています。分析や戦略・戦術の立案は、どの政府や企業、団体も行っていることですが、玉井さんの場合は、目が汚れていないことから、その「読み」が非常に的確です。

アフリカにとって必要なことは人材育成だ

企業や団体、人間は利己的なものです。経済界もそうです。経済理論は、人間は利己的だとの前提に立って組み立てられていますし、将来の「読み」や予測も同じ前提で立てられています。ところが玉井さんの場合は、利他的であり、純粋なことから、それらが大きな力になっているのだと思います。

玉井さんは、「アフリカでの遺児教育支援を通じて人材、それも利己的ではなく利他的な人材を育てたい」と言っています。これは今の時代に適合した考え方だと思います。また玉井さんはかねがね「アフリカで汚職に手を汚さないクリーンな人材を育てたい」とも言っているようですが、それもそうした考え方に基づくものでしょう。いずれにしても今のアフリカにとって最も必要なことは人材育成なのです。

いま、先進国は皆、アフリカを狙っています。これからの発展市場はインドや中東諸国から次第にアフリカに向かっていくと予測しているからです。つまりアフリカは、先進国の草刈り場になりつつあるということです。

世界が、経済や株には強いものの自分の国を良くしようとは考えない人間、あるいはカネ本位の投資の世界にいるような人間ばかりになれば、競争が激しくなるばかりです。アフリカの青少年がそういうことに毒される前に、しっかり考え、国の将来を担えるような人材に育て上げるというのは素晴らしいことだと思います。先見の明があるんですよ。アフリカでそんなことをやるのは恐らく玉井さんしかいないのではないですか。

副会長就任。玉井さんのサポーター役を果たしたい

私は2012年4月、あしなが育英会の副会長に就任しました。玉井さんから要請を受け、冒頭でお話ししたように、これまでの玉井さんとの仲を考えれば「とても断れない」と考えて引き受けました。

私への要請の中で玉井さんは、①アフリカを中心とする国際的な遺児の救援活動を今後やっていきたい。この点について理解のある堀田さんに副会長をお願いしたい、②また育英会を運営するに当

たって理事会メンバーや幹部たちを、広く社会的に認められた人たちで構成したい、③これまでの人選は遺児ＯＢに偏りすぎていた面があった。この際、外部の人に副会長をお願いしたい――と言っていました。

副会長になったからといって、私の考え方は何も変わりません。大それたことをする気もないし、やる必要もないと思います。玉井さんの気持ちはよく分かっていますから。玉井さんがくじけないように支えるサポーター役を果たそうと考えています。

（聞き書き　仮野忠男）

堀田力氏の略歴

（ほった・つとむ）　１９３４年4月京都市生まれ。58年京都大学法学部卒。司法試験に合格し、司法修習13期修了とともに検事任官。札幌を振り出しに旭川、大津、大阪の各地検で検事を務めた。67年法務省刑事局付検事。72年在米日本大使館1等書記官。帰国後、東京地検特捜部検事、同副部長、法務省刑事局総務課長、甲府地検検事正、最高検検事などを経て、90年法務省大臣官房長。91年退官。

東京地検特捜部検事の時はロッキード事件を捜査し、米国での嘱託尋問を担当。田中角栄元首相に論告求刑したことで有名。

退官後の95年、ボランティアの輪を全国に広げることなどを目的にした財団法人「さわやか福祉財団」を設立し、理事長に就任。２０１０年に公益財団法人に移行した。東日本大震災の後は各地で義援金の呼び掛けや「辻立ち募金」を行い、被災地に緊急物資を送ったりした。

著書に『壁を破って進め――私記ロッキード事件』（講談社）『心の自立――介護することされること』（法研）『挑戦！――あすなろの夢を追って「ボランティアの世界」を拓く』（東京新聞出版局）など。

第1章　アフリカ遺児教育支援100年構想を語る

――あしなが運動の未来図

あしなが運動のなかで、ＨＩＶエイズ遺児の存在がクローズアップされたのは２０００年8月のことである。以来12年。エイズ遺児の救済活動はアフリカ・ウガンダにとどまらず、サブサハラ49カ国の遺児救済へと広がり、さらには米国など各国の大学をはじめとして全世界的な規模での取り組みへと拡大しはじめた。あしなが運動の未来図を読み解く――。

「国際的な遺児の連帯をすすめる交流会」を開催

――「あしながアフリカ遺児教育支援１００年構想」についてで詳しくうかがいます。これまでは国内の災害遺児などを対象にしていたのに、一気にアフリカ、それもウガンダのエイズ遺児救済活動に向かったわけですが、どういう経緯があったのでしょうか。

玉井　1995年1月の阪神・淡路大震災では150カ国以上の国々から寄付をいただきました。その後も世界各地で地震が起き、そのつど神戸市内の高校生を中心とした遺児たちが「阪神・淡路大震災の際、僕たちは世界中から支援を受けた。そのおかげで少しずつ元気になってきた。恩返しをしよう」と呼び掛け、全国の主要都市10カ所での募金活動を次々と行いました。大学生、高校生たちは恩返しするんだ、とその顔は輝いていました。

そのおカネをどう各国にどう送るかについて話し合った際、遺児たちから「現地に行き、直接届けたい」という声が出ました。各国の赤十字社を通じて送る方法もあったのですが、「そうしよう」ということになり、台湾、トルコ、コロンビアに遺児たちを派遣しました。トルコでは当時のスレイマン・デミレル大統領に1700万円を手渡し（1999年10月12日）、コロンビアでは大統領夫人に1195万円を手渡しました（同年4月21日）。台湾では内務大臣に700万円を手渡したところ、直々に丁寧な感謝の言葉をいただきました（同年11月6日）。

そこには現地の遺児たちも同席しており、日本の遺児たちと友達になることができ、「こういうつながりを続けよう」ということになりました。そこで計画したのが2000年8月の第1回「国際的な遺児の連帯をすすめる交流会」でした。私たちは「サマーキャンプ」と呼んでいます。

――第1回交流会は神戸市内に建設済みのあしなが育英会の「レインボーハウス（虹の家）」で開いたそうですね。

玉井　そうです。台湾、トルコ、コロンビア3カ国の震災遺児、さらにコソボ紛争[1]での遺児など計30人（小学生から高校生まで）を招き、2週間にわたる交流を展開しました。海水浴やキャンプファイヤーのほか、親との死別体験など自分史を話し合う、ということも行いました。特に自分史を語り合うことは、同じ死別を体験した遺児たちが、国境を越えて悲しみを共有することで生きることに前向きになっていくんです。「これはいい取り組みだ。毎年やろう」ということになりました。

1 旧ユーゴスラビア連邦の継承をめぐって起こった民族紛争。セルビア共和国に属していたコソボ自治州の住民のうち90％を占め、同共和国からの独立を求めたアルバニア人と、それを認めない立場のセルビア共和国が対立。1991年、アルバニア人がコソボ共和国の独立を宣言、これに対してセルビア当局が大規模な掃討作戦を実施した。北大西洋条約機構（NATO）諸国は99年3月、空爆に踏み切り、約1万1000人のアルバニア人が死亡、80万人が国外に避難した。セルビア人も大きな被害を受けた。同年6月に停戦が成立した。

気が付いたエイズ遺児の存在

サマーキャンプが終わった後の反省会で、日本の遺児たちから「トルコやコロンビアから来た遺児たちは『学校に行きたくてもおカネがないため行けない』『ノートを買うおカネもない』などと言っていた。それに比べ、私たちは『算数が苦手だ、社会が嫌いだ』などと言っている。これは贅沢だ。学校に行くことができるだけでも十分ではないか」といった声が出てきました。日本の遺児たちは世界中に多くの遺児がいること、さらに彼らは貧しい生活を余儀なくされ、学校に通うこともままならないことに気づいたのです。

2000年と言えば、新しい千年紀を迎える「ミレニアム」の年でした。これを記念して世界各地で地球環境やエイズ撲滅などに関する国際会議が開催されました。7月には沖縄県名護市で先進国首脳会議（G8九州・沖縄サミット）も開かれました。そうした中で遺児たちは「エイズ問題が大変なことになっているようだ。エイズで親を亡くした子供たちはどんな状況にあるんだろう」といった疑問を持つようになりました。私自身も以前から「最後に残された可能性の最も大きい大陸アフリカをなんとかしないといけない。私たちの40年間にわたるノウハウが活かせるのでは」と思っていました。そこで国連のエイズ撲滅計画などを調べてみたら、①世界のエイズ遺児の9割がアフリカ大陸にいる、②その中でもウガンダはエイズ遺児の多い国のひとつだ――ということが分かったんです。[2]

2 アフリカ東部に位置する共和制国家。東のケニア、西のコンゴ、南のタンザニア、南西のルワンダ、北の南スーダン各国に囲まれた内陸国。ナイル川（白ナイル）の源流であるビクトリア湖に接しており、平均海抜1200メートルの高原。北部の乾燥地帯を除き、緑に恵まれている。面積は約24万平キロ。人口は3270万人（2008年度推計）。英連邦に加盟しており、公用語は英語。ほかにガンダ語、スワヒリ語など。首都はカンパラ。現在の大統領はヨウェリ・カグタ・ムセベニ氏。
長く英国の保護領だったが、1962年10月に独立した。その後、軍部によるクーデターや独裁政権による恐怖政治、国民に対する虐殺事件、反体制派によるゲリラ闘争、内戦などが相次ぎ、国づくりが遅れた。日本は1962年の独立とともに承認した。今年は修好50周年の節目の年。

ウガンダに調査チームを派遣

――遺児たちが持った問題意識がウガンダとの接点になっていったわけですね。

玉井　そうです。私たちは「まず実情を調べる必要がある」と考え、2000年11月、あしなが育英会職員の岡崎祐吉君（現理事＝国際・教育担当）ら2人を派遣しました。彼らは1カ月間ウガンダに滞在し、調査を続けました。帰国後、「そこらじゅうにエイズ遺児がいた。ウガンダ、いやアフリカにとってエイズは死活問題になっている。若い人々がエイズで死んでいくため労働人口がどんどん減っていき、ウガンダという国が消滅しかねないと騒がれている」と報告してくれました。それを聞いて決めたんです。「よし！　2001年8月のサマーキャンプにウガンダのエイズ遺児を日本に招こう」と。

――このころあしなが育英会の理事会で、ウガンダで活動を展開することについて「どうしてアフリカの遺児支援なのか」「育英会は日本国内で活動してきた。日本の遺児を支援するのが先ではないか」といった消極論も出たそうですね。

玉井　一部には「ターザンが出て来るんじゃないか」と冗談を言う人もいましたが、私は「首をかけてもやる」と言い切りました。

――首をかける？　失敗したら責任をとって育英会の会長を辞めるという意味ですか。

玉井　そうです。国連の統計によれば、いま世界全体で約2億人の遺児がいると言われています。私は究極の目標として、そうした遺児をすべて救済したいという気概と認識を持っています。世界193カ国の中で貧乏な国が集まっているのはアフリカです。最貧国であるうえに、その当時はエイズが蔓延していました。

〈ウガンダ共和国〉

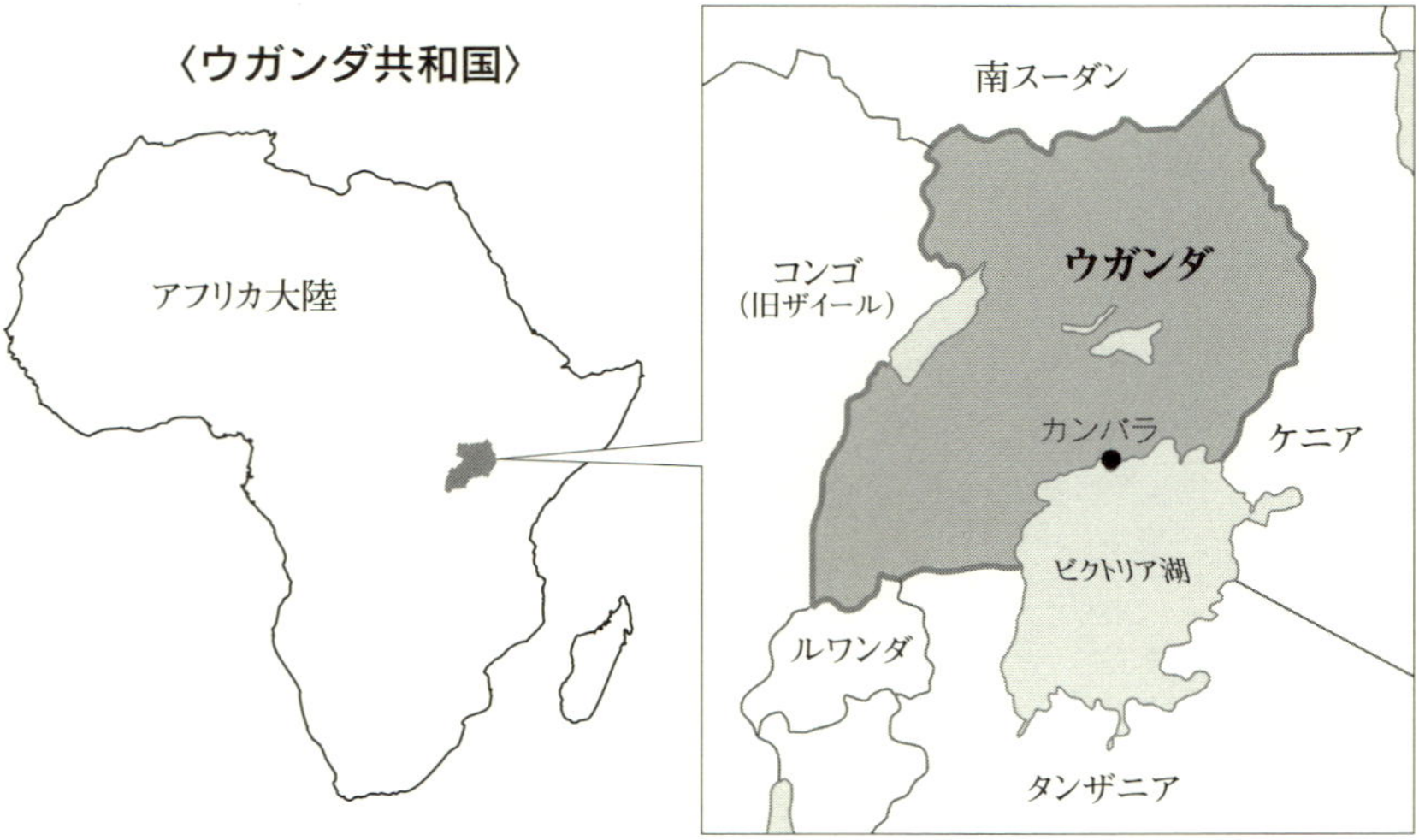

エイズは地球的規模の問題であり、なんとしても解決していかなければならない問題だと認識していました。そうしたボトム（底辺）にいる遺児たちの救済を始めることによってアフリカの、さらには世界全体の貧困削減の一助にしたい、それが私の信条だと理事たちに訴えたんです。

ウガンダではエイズで死ぬ人は多いものの、アフリカの中で唯一、感染率が下がっている国です。ウガンダには希望があると思い、ウガンダを〝突破口〟に選んだんです。ウガンダはアフリカのど真ん中にあります。位置としてもいいし、治安もいい。英語も通じます。

これに対して強い反対意見は特にありませんでした。結果的に私の信条は支持されたと思っています。その後、成果が出始めたこともあり、いまは消極論や批判も出なくなりました。

繰り返しになりますが、阪神・淡路大震災の際、世界の多くの「あしながさん」からたくさんの寄付金が集まりました。そうした中で神戸の遺児たちの中から「地震などの自然災害だけでなく、エイズによって多くの遺児たちが生まれている。恩返しとして次はエイズ問題に取り組もう」という考えが出てきたんです。そこが大事な点です。

エイズで親を失った遺児。1日1度の食事を取るのがやっとの貧困に喘ぐ（2010 年）

ナンサナ村を拠点に

――その当時のウガンダのエイズに関する状況はどういうものだったんでしょう?

玉井　岡崎君らの報告によりますと、その当時のウガンダの総人口は約2000万人で、うち200万人がエイズ遺児だと言われていました。アフリカの多くの国々は、国連機関によるエイズ調査に対して、やる気がないか、「調べようとしてもNA（ノー・アンサー）が多く、よくわからない」と正直に答えなかったようです。実態が明らかになれば「観光客が少なくなり、外貨が獲得できなくなる」といった理由からでした。

しかし、先ほど言ったように、ウガンダだけは別で「エイズというネガティブな問題の存在を認め、国家として真正面から取り組むつもりだ。だから国家にとってマイナスのことも全部発表する」という姿勢でした。このため岡崎君らが初めてウガンダを訪問した時、ウガンダ政府は快く受け入れてくれただけでなく、さまざまな資料も提供してくれました。

ウガンダの厚生労働省に「活動拠点を作りたい。首都カンパラから比較的近く、他の支援団体が入っていないところはないか」と、候補地の紹介を依頼したところ「ナンサナ」という村をあげてくれました。

――その村が現在、ウガンダ・レインボーハウスのある村なんですね。

玉井　そうです。カンパラから車で20分ぐらいのところです。最初にナンサナ村に行った時、村長さんに人口を聞いたところ「わからない」ということでした。エイズ遺児も何人いるかわからない。日本のような人口動態調査が行われていなかったんです。現在も人口が何人かは不明です。村長は、「約1万人」と言っていますが、別のところで聞くと「7000人ぐらいだろう」ということでした。

もともと、現地の母親は「夫をエイズで亡くした」とは言わないんです。代わりに使うのは「ベリー・シック」（重い病気）で亡くなった」という言葉です。「ベリー・シック」イコール「エイズ」のことなんですが、「それ以上、死因は聞くな」というわけです。そういうこともあり、エイズ遺児の数を把握するのは容易ではありません。

親を亡くした悲しみが肌の色も宗教も国境も越え、笑顔に変わっていった国際遺児交流会（2005年8月山中湖にて）

エイズ遺児6人を日本に招待

——そうした準備期間を経て2001年8月の第2回「国際的な遺児の連帯をすすめる交流会」にエイズ遺児を招いたわけですね。

玉井　6人を招待しました。その前の同年5月、岡崎君がひとりでナンサナ村を再訪し、村の中を歩き回って見つけたくれた遺児たちでした。6人は東京都渋谷区代々木の国立オリンピック記念青少年総合センターで開いた「エイズ遺児国際シンポジウム」[3]にも出席してくれました。

このシンポジウムには一般の方々も参加しました。遺児のひとりであるロナルド君（当時14歳）に、親と死別した自分史を語ってもらったんですが、彼は途中で「問題がたくさんあり過ぎて、全部を言うことができません」とマイクの前で言葉を詰まらせてしまいました。NHKニュースがその沈黙を全国に流したこともあり、ウガンダを含むアフリカが抱えている問題の大きさが、かえって浮き彫りになりました。

ちなみにロナルド君はその後、ナンサナ村の高校を卒業後、再来日し、現在は早稲田大学を卒業、2012年9月から同大の大学院生です。[4]

3　あしなが育英会が主催し、外務省と文部科学省が後援した。ウガンダからはエイズ遺児のほか、ウガンダ国立マケレレ大学のアレックス・アマティ氏（児童心理学講師）やエイズ専門医のキンジ・ベン氏ら、日本からは大阪大学人間科学研究科の中村安秀教授（国際協力学、特定非営利活動法人HANDS代表）らが参加した。

4　ロナルド君の発言内容は以下の通りだった。

「僕が2歳の時、お母さんが亡くなり、その1年後にお父さんも亡くなりました。エイズでした。でも、つい最近までエイズで死んだことは知りませんでした。お姉さん2人もエイズで亡くしました。今は、泥と木の枝で作った家で、弟2人と姉妹4人の7人で住んでいます。その家は傾いています。お姉さんは干乾しレンガを作って働いていますが、収入はほとんどありません。だから学校には今は行っていません。エイズは僕の人生を変えました。僕の前には問題がたくさんありすぎて、この場では全部、言えません……」

このシンポジウムをきっかけにして私たちの内部で「エイズ遺児の問題を何とかしなければいけない」という空気がさらに広がり、それ以降、ウガンダでの活動を本格化していきました。

具体的には同年11月にウガンダ政府公認の国際NGO「ASHINAGAウガンダ」（岡崎祐吉代表）を立ち上げ、さらに2002年10月には小さいながらも「ASHINAGAウガンダ事務所」を開設する一方、マケレレ大学[5]の心理学部とエイズ遺児支援活動に関する協力契約を結びました。契約内容

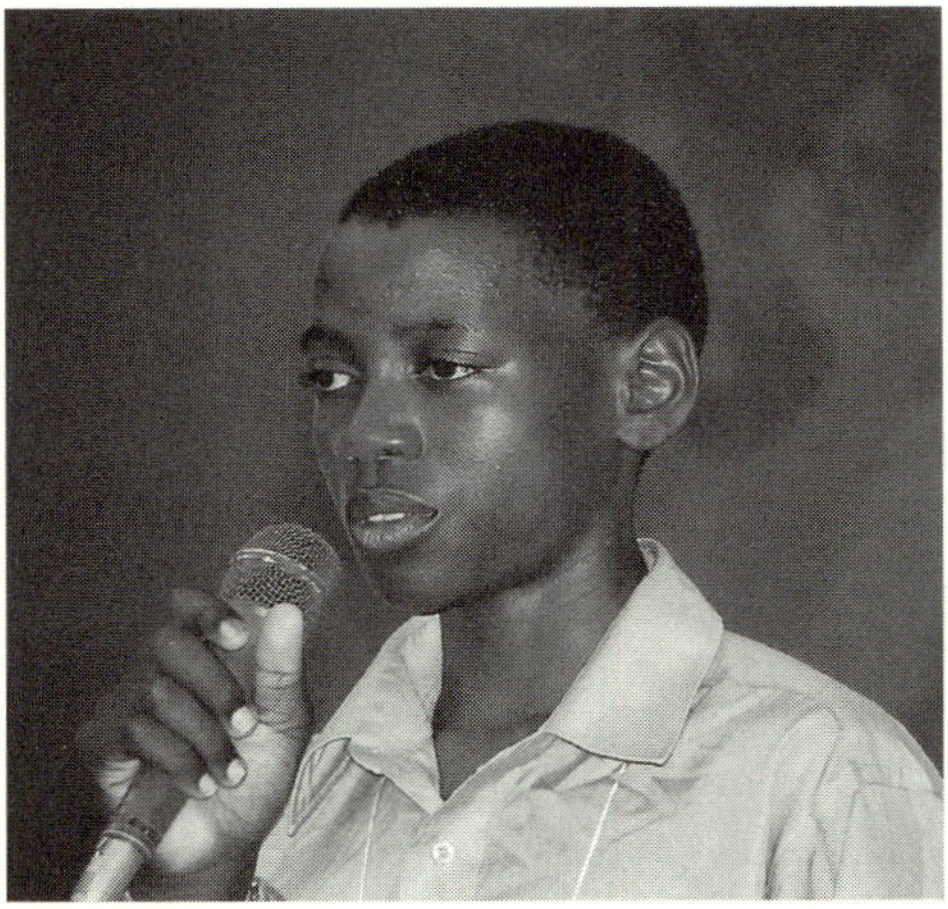

〔左〕2001年8月12日に開催された「エイズ遺児国際シンポジウム」のため来日したルベガ・ロナルド君（14歳）。〔右〕早稲田大学に入学したロナルド君

は、学生をボランティアとして派遣してもらい、遺児たちの心のケアに当たってもらうというものです。そのために2003年12月にはナンサナ村に「ウガンダ・レインボーハウス」[6]を建て、実際にエイズ遺児たちの心のケアを始めました。

それ以降、マケレレ大学からのボランティア学生は毎年3、4人が来てくれています。この中からレインボーハウスの正規の職員になった学生が2人います。ドイツからも毎年2人が参加しており、今年の夏休みからは米国バッサー大学からインターンシップの学生1人が入りました。

5　1922年、ウガンダの首都カンパラに技術学校として創立された。63年に英国ロンドン大学の学位につながるコースを提供する「東アフリカ大学」となった。70年にマケレレ大学、ナイロビ大学（ケニア）、ダルエスサラーム大学（タンザニア）の三つに分割され、それぞれが独立した大学になった。
現在のマケレレ大学は22の学部・学科や研究所を持ち、3万人の学生と3000人の大学院生が通っている。

同大は、独立したアフリカ諸国の指導者を輩出したことで知られている。ウガンダ独立後の大統領ミルトン・オボテ氏のほか、タンザニアの初代大統領、ケニアの大統領らが同大の卒業生。

6 土地代が安価だったため700万円で平屋の建物を造ることができた。竣工式にはムセベニ大統領が出席した。大統領は「ASHINAGAウガンダ」の名誉総裁でもある。現在のスタッフは、あしなが育英会の職員3人、ウガンダ人8人。登録済みの遺児は現在800人。

同ハウスの〝卒業生〟は早稲田、国際基督教、上智、関西学院、同志社の各大学に計21人が留学している。

浮上したエイズ遺児への教育支援

――「ASHINAGAウガンダ」を国際NGOとして団体登録した理由は?

玉井 日本からあしなが育英会の職員を何回派遣しても、ホテルからナンサナ村に通う旅行者のような存在でしかなかったんです。それで何らかの拠点が必要だということになり、団体登録し、事務所も借りることにしました。

――国際NGOの中には同様の支援をしているところもあるのでは?

玉井 いや、ないんですよ。確かに日本のNGOも含めて世界各国からNGOがウガンダに入って活動していますが、基本的には「モノ」を提供するところが多いんです。生活必需品を提供したり、生活支援のために井戸を掘ったりですね。教育面に取り組んでいるNGOもありますが、これも鉛筆やノートといった「モノ」をあげるNGOが多いですね。義務教育のコースからドロップアウトした子供を後ろから後押しするというNGOもあります。

どの活動も重要ですが、「ASHINAGAウガンダ」は2006年から少し違った取り組みをしてきたということです。成績優秀な子供を選び、日本や世界の大学に留学するまで手伝うという点で。

——あしなが育英会として国際的な教育の分野にも手を広げてたということですね。

玉井 もともと奨学金で高校や大学に進学させてきたわけですから、育英事業は教育そのものです。それを外国に拡大したということです。2000年8月に第1回サマーキャンプ「国際的な遺児の連帯をすすめる交流会」を開いて以降、米国での同時多発テロ、アフガニスタン空爆、イラク戦争、インド洋津波など、テロや大災害が起きるたびに、日本の遺児が街頭募金をして現地に届け、各国の遺児らを日本に呼んできました。それらの国・地域はトルコ、台湾、コロンビア、米国（ニューヨーク）、アフガニスタン、イラク、イラン、パキスタン、ウガンダ、ニジェール、アルジェリア、エルサルバドル、インドネシア、スリランカ、インド、タイ、マレーシア、モルディブ、コソボに及んでいます。

特に2007年には世界19カ国から100人の遺児を招くほどに規模を拡大していきました。2週間の交流会は意味があるものでした。遺児たちは「楽しかった」「キャンプで勇気をもらった」と評価し、将来の夢を聞くと「教師になりたい」「パイロットになりたい」などと語ってくれました。中には「将来は日本に来て勉強したい」と言う遺児もいました。

しかし、彼らが母国に帰っても、以前と同じ厳しい生活が待っているだけです。育英会の職員の中から「サマーキャンプを100回続けても、それ以上にはいかない。遺児たちの夢を叶えるには、やはり本格的な教育支援が必要だ」といった声が出始めたんです。

レインボーハウスで「寺子屋」を開始

——そこで、手始めとしてウガンダで「寺子屋」教育を始めたわけですね。

玉井 実は2004年4月からウガンダ・レインボーハウス内で日本語教室を開講していまし

た。しかし、地元の中学、高校、大学に進学できるような学力をつけてもらう必要があると考え、２００７年10月に読み・書き・計算を教える「寺子屋」[7]も始めたわけです。

7 レインボーハウスの敷地内にある。寺子屋という名称は「基礎教育センターなどとするより、わかりやすいものがいい」との理由で選んだ。教育スタッフは、現地の大学を卒業し、教員資格を持ったウガンダの青年２人。学校に行けない数人の遺児からスタートしたが、現在は下級生クラス（小学1、2年生）25人と、上級生クラス（3、4年生）25人の計50人に基礎教育を提供している。

寺子屋を〝卒業〟すると、遺児たちは地元の小学校に5年生として入る。年間の授業料（1人当たり1万円）は育英会から直接、小学校に渡す仕組みを採っている。その後、中学校入学・卒業、高校入学・卒業まで奨学金を支援し続ければ、大学受験までの制度ができることになる。このことは２０１１年のウガンダ人も参加した「ＡＳＨＩＮＡＧＡウガンダ」の理事会ですでに決定済みである。

ウガンダでは小学校教育は無償だが、遺児家庭は食事もろくにとれない極貧状態にある。しかし、寺子屋ではきれいな水をおなかが一杯になるまで飲むことができ、また1日1回だが、食事をとれることから少しずつ子供が集まりだした。

遺児の数が60～80人となり、手狭になってきたことから２０１２年6月、秋篠宮ご夫妻のご訪問を機に道路をはさんだ向かい側の土地（１３７１平方メートル）を６８０万円で購入した。ここに新校舎を建てる計画で、完成すれば収容人数は2倍になる。その結果、クラスが増え、きめ細かな教育が可能になり、高校・大学への道が身近なものになると期待されている。

——あしなが育英会は日本国内では高校生に奨学金を貸与しています。しかし、ウガンダではまだそうした制度はできていないようですね。

玉井　いいえ。すでに話した通り、奨学金制度を２０１１年の「ＡＳＨＩＮＡＧＡウガンダ」の理事会で決定済みです。しかし、遺児たちの家庭は貧困状態にあるため、奨学金だけでは大学にまで行けません。私たちはそれを支援する方法を日本国民に訴え、近い将来、可能になるように支援活動を始めたところです。

今はナンサナ村長の協力を得ながら奨学金を希望する高校生を募集しているところです。高校卒業時にはウガンダのナショナル・テスト（日本のセンター試験に相当）で一定以上の点数を取れば、日本を含む海外の大学に留学することが可能になってきます。今、そうした高校生を対象に面接を行っているところですが、10人ぐらいがレインボーハウスに来ているようです。

——ところでアフリカのエイズ感染は現在、どんな状況にあるのでしょうか。

玉井　ウガンダ政府は国連のエイズ撲滅計画に協力的であり、正直に数字を出しています。アフリカのうちウガンダだけ感染率が下がっています。ムセベニ大統領がリーダーシップを発揮し、政府としても一体になってエイズ撲滅運動に取り組んでいます。こうした取り組みは「ウガンダ・モデ

あしながウガンダ寺子屋で子供たちを前に「志」の書をかかげる玉井義臣会長

ル」と呼ばれており、国連も「ウガンダを見習ってほしい」と言っているほどです。あしなが育英会が最初にウガンダに足を踏み入れた当初は、国際NGOも少なかったのですが、ここ10年ぐらいで世界中のNGOがウガンダに入って活動を展開するなど、非常にいい状況になっています。

——レインボーハウスや寺子屋方式がアフリカ全体に広がっていけばいいですね。

玉井　2年前、レインボーハウスから車で10分離れたところにある土地（2165平方メートル）を購入しました。いまはグラウンドとして整地し、遺児たちがサッカーなどをしています。ここに寺子屋と違った、ウガンダ版の「心塾《こころ》」を建設して、2013年夏にはサブサハラ[8]の49カ国から成績優秀で米国など世界中の大学に進学が決まった遺児を迎える予定です。ここでは英語の特訓を行い、難関大学への入学を後押しする考えです。遺児たちはここに3カ月泊まり込み、大学で勉強するうえでの心構えや、あしなが育英会の人間づくりの理念を学んでもらうことにしています。

もちろん大学の授業料など教育費と生活費は、全世界から「NEW INTERNATIONAL ASHINAGASAN（新国際あしながさん）」を募集・募金をして、それに当てる考えです。留学期間が終わったら、遺児たちはそれぞれ留学先の国で力を蓄えたり、母国に戻ったりして、国づくりに貢献するニューリーダーになってくれればと切に思っています。

8　アフリカ大陸にある54カ国のうちサハラ砂漠以南に位置する49カ国の総称。人口はアフリカ全体の約8割を占めている。黒人が多いことから「ブラックアフリカ」とも呼ばれている。エイズのほかマラリアなどの感染症が蔓延する地域も少なくなく、平均寿命が50歳にも満たない国もある。

〔左〕東アフリカの名門、ウガンダ共和国・マケレレ大学。〔右〕「マケレレ・アフリカ・レクチャー・シリーズ」で講演する玉井義臣会長（2012年5月4日）

ウガンダ国立マケレレ大学で講演

――玉井さん自身、ウガンダには何回行かれたのですか。

玉井　最初に訪問したのは２０１０年10月でした。すでにお話ししたように２００３年12月にウガンダの首都カンパラ市近郊のナンサナ村に「ウガンダ・レインボーハウス」を建て、エイズ遺児たちの心のケアを開始しました。そこで、一度は現地を見たいと思い、出かけたわけです。その後、２０１１年3月、7月、２０１２年5月、6月と、これまで計5回行きました。

２０１１年3月の時はマケレレ大学学長と会うためでしたが、日本で東日本大震災が起きたことから、約束はキャンセルして急ぎ帰国しました。

――２０１２年5月の訪問は、マケレレ大学から講演を依頼されたため、出かけたそうですね。

玉井　そうです。同大学が熱心に取り組んでいる「マケレレ・アフリカ・レクチャー・シリーズ」の一環として講演するためでした。

この「レクチャー・シリーズ」は１９７０年、アフリカ諸国でナショナリズムが高まるなか、同大の学生同盟が「著名な学者を招いてアフリカ問題を連続的に講演してもらおう」と発案、スタートしたものだそうです。ところが71年1月に、軍人のアミン参謀総長がクーデターを起こし、独裁政治が始まったため頓挫してしまいました。

しかし、それから40年後の２０１１年12月、当時のバレヤムレーバ副学長（博士）のリーダーシップにより同シリーズが復活・再スタートし、これまで南アフリカの大統領や著名な学者などが講演ずみでした。[9] その5番目の講演者として、それも非アフリカ人として初めて私が指名されたわけですから名誉なことだと思い、引き受けました。

２００２年10月、あしなが育英会がウガンダに「ＡＳＨＩＮＡＧＡウガンダ事務所」を開設し、マケレレ大学心理学部とエイズ遺児支援活動に関する協力契約を結んでから、今年でちょうど10年です。そういう節目の年であることも、講演を引き受けたもう一つの理由でした。

9 「アフリカ・レクチャー・シリーズ」再開後の講演者は次の通り。

＊第1回（２０１１年12月）講師＝ピーター・アンヤン・ニョンゴ（ケニア共和国医療サービス相）▽演題＝「母親の隷属状態の終焉――ニエレレの平等の呼びかけからの東アフリカの女性の自由」▽討論者＝駐ウガンダリベリア名誉総領事▽主賓＝アポロ・ンシバンビ（前ウガンダ首相）

＊第2回（２０１２年1月）講師＝タボ・ムベキ（南アフリカ共和国大統領）▽演題＝「アフリカと世界――調停と改革」

＊第3回（２０１２年2月）講師＝シェルビー・F・ルイス（フルブライト奨学金委員会役員）▽演題＝「アメリカ合衆国バラク・オバマ大統領統治下においてのアフリカにおけるフルブライト奨学金」▽討論者＝駐ウガンダ米国大使、フルブライト奨学金委員会議長▽主賓＝ウガンダ銀行総裁

＊第4回（２０１２年3月）講師＝ピーター・アンヤン・ニョンゴ（ケニア共和国医療サービス相）▽演題＝「現代アフリカにおける社会的変革――ジョシュア・B・ムゲニ博士の回顧録」▽討論者＝米国ブルッキングス研究所アフリカ成長イニシアティブ財務・企画・法務担当兼上級会長顧問、マケレレ社会調査機関所長

＊第5回（2012年5月）　講師＝玉井義臣（あしなが育英会会長）▽演題＝「『志』高く、WORK　HARDせよ――あしながアフリカ遺児教育支援100年構想」▽討論者＝ジェームス・ババ（ウガンダ内務相）、リビングストン（マケレレ大学元副学長）▽主賓＝皆川一夫（駐ウガンダ日本国大使）

――講演したのは5月4日でしたね。

玉井　マケレレ大学の大ホールで「『志』高く、WORK　HARDせよ――あしながアフリカ遺児教育支援100年構想」と題して約1時間、講演しました。モンド・カゴニエラ学長やバレヤムレーバ副学長、リビングストン元副学長ら大学関係者・学生のほかにウガンダ政府のババ内務相（元駐日大使）や皆川一夫駐ウガンダ大使ら600人が聴いてくれました。会場の収容者数は400人ですが、立ち見席がいっぱいになるほどの盛況でした。途中で退席する学生はおらず、「学生が最後まで残って聴くなんて珍しい」と大学側はびっくりしていました。話し終えた後、さらに場所を移し、各学部の学生代表10人と1時間半ほどディスカッションも行いました。

「高い志を持ち、WORK　HARDを」

――100年構想のポイントは？

玉井　私はサブサハラ49ヵ国の経済成長率が10%を超えて、今後、10年以内に世界一のレベルに達するのではないかと見ています。さらに50年以内に人口はもちろんGDP（国内総生産）の規模も世界一になるのではと分析しています。

しかし、その過程で公害問題が拡大したり、経済格差が広がったりすることも考えられます。ですからこの地域の人々は、日本をはじめとした先進諸国が犯した〝失敗〟から多くのことを学んでほしいと考えています。そうしたいろいろな問題を解決していくためには教育が不可欠です。そんな信念から生まれたのがアフリカ100年構想です。

具体的にはサブサハラ49カ国から毎年1人、優秀な遺児学生を選抜して、世界トップ100～200位にランキングされている大学に留学してもらおうと考えております。最初は49人でスタートさせるつもりですが、10年後には490人に達します。もし毎年2人ずつ計98人留学させれば、10年後には980人になります。

こうした留学生たちが各国で勉強した後、母国に戻り、国や国民のために働いてくれれば、膨大なエネルギーが産み出されることでしょう。彼らが、汚職に手をけがすことのない清廉なリーダーになってくれればと思っています。

いずれにしても、そうした留学を実現するには、夢を持ち、各国の一流大学に合格できるような実力をつけてもらわなければなりません。そこで「高い志を持ち、しっかり勉強（WORK　HARD）してほしい」と呼び掛けたわけです。

講演後、大学側が学生たちに感想を書かせたようです。その内容は「あしなが育英会を設立するにあたっての玉井会長の強い志を聞き、ヒーローだと思いました。親を亡くしたとしても玉井会長と出会えた子供たちは幸せだと思います」（18歳・女）、「今日の講演は、若い世代にモチベーションと新しいひらめきを与えてくれたと思います。私たちはその意思を引き継ぎ、あきらめないで取り組みたいと思います」（22歳・男）、「人のために活動することを決心するのに、早いも遅いもないことを学びました。私たちはこんな玉井会長がいる世界に生まれ幸せです」（22歳・男）などと前向きにとらえてくれました。

――留学にかかわる学費や生活費は全部、あしなが育英会から出すんですか。

玉井　それは、これまでに日本でやってきた「あしなが制度」とは違います。米国の大学に留学した場合、1年間に1人5万ドル（約400万円）かかるとして卒業までの4年間で約2000万円近くになると思います。49人分だと、合計約9億8000万円が必要です。大変な額ですが、あしなが運動を40年間続け、日本国内だけで9万人の遺児のために900億円の募金を集めてきた実績からすれば、無理な金額だとは思っていません。

さらに講演の中で「ASHINAGA　INTERNATIONAL　PLAN」という新しいアイディアも披露しました。

秋篠宮ご夫妻の訪問を受ける

――その点は後でうかがいましょう。ところで玉井さんは2012年6月にもウガンダを訪問しましたね。これが5回目のウガンダ入りということになりますが。

玉井　今年はウガンダ建国50周年、日本との関係では外交関係樹立50周年の記念すべき年です。その記念式典に出席するため秋篠宮ご夫妻が6月11日から17日にかけてウガンダの首都カンパラを訪問されました。

ご夫妻はムセベニ大統領を表敬訪問されたり、記念式典に出席されたりしたうえで6月13日に、ナンサナ村の「レインボーハウス」を視察されることになりました。そこでご夫妻をお出迎えするために私も出掛けたわけです。

ご夫妻は同ハウスに1時間ほど滞在され、「寺子屋」での3年生の授業や、子供たちによる伝統舞踊を見学されました。ご夫妻は子供たちに「勉強は楽しいですか」「どんな教科が好きですか」「踊りは好きですか」などと英語でお尋ねになりました。子供の方からご夫妻に年齢を質問し、それにご夫妻が気軽にお答えになるといった場面もありました。お帰りの際には私たち幹部一人ひとりに「子供たちのことをよろしくお願いします」というねぎらいの言葉をかけていただきました。

さらに私たちにとって嬉しいことがもう一つありました。あしなが運動の初期のころ、西本征央君（大学奨学生2期生）という大秀才がいました。彼は東大医学部を出て、36歳で米国ハーバード大学准教授になり、さらに40歳で慶応大学医学部教授になりました。彼は優れた臨床医でしたが、「億単位の命を救いたい」と基礎医学に転向した後もアルツハイマー病研究の第一人者として世界3大科学誌に数々の論文が採用されるなど活躍していました。しかし、残念なことに47歳の時にがんで早世しました。

その西本君の長女、光里さんが外交官となり、今回、秋篠宮ご夫妻の通訳をしてくれました。目頭が熱くなるシーンでした。

――秋篠宮妃殿下が、あしなが育英会の「レインボーハウス」をお訪ねになったのは、これが2回目ですね。

玉井　そうです。妃殿下は2011年10月1日に神戸市内の「神戸レインボーハウス」を訪問してくださいました。妃殿下は2日に西宮市内の武庫川女子大学で開催された「子ども学会議学術集会」に出席され、開会の辞を述べられることになっていました。その集会の前日にレインボーハウスに足を伸ばしてくださいました。今回は、日本から遠いウガンダのレインボーハウスにまでおいでいただき、遺児や職員たちを励ましていただき、感謝に堪えません。

――いずれにしてもエイズそのものにストップをかけないといけませんね。

玉井　そうですね。しかし、アフリカにはエイズ遺児だけでなくマラリア遺児や民族紛争、内戦による遺児もいます。かつて日本国内での救済活動を、交通遺児から災害や病気、自死遺児に広げていったように、アフリカでもエイズ遺児以外の遺児にも救済の手を広げていく考えです。

――ウガンダの他に協力を求めてきている国はあるんでしょうか。

玉井　1年前、あしなが育英会理事の岡崎祐吉君（国際NGO「ASHINAGAウガンダ」代表）がルワンダと南アフリカに行き、それぞれの教育相と会った際、「なぜ、もっと早く、わが国に来てくれなかったんだ」と言われたそうです。こうしたことを考えれば、しかるべきところに声をかけていけば、「ウガンダ・モデル」はサブサハラ地域に広がっていくと思います。ウガンダで実験的に取り組んだことが、ある程度以上の成功をおさめたのですから。

米国の名門バッサー大学と提携

――米国の私立大学、それも名門中の名門であるバッサー大学[10]と留学生の受け入れ、合唱部の日米ウガンダ連携などで合意したそうですね。

10　所在地はニューヨーク州ポキプシー市。キャンパスは4平方キロメートルの敷地内にあり、歴史的建造物が並んでいる。樹木園もある。
　1861年に実業家のマシュー・バッサー（1792～1868）が、著名な女子大学群である「セブンシスターズ」の1校として設立した。1969年に男女共学に。全米でも有数の私立大学（全寮制）。アイビーリーグ4校に匹敵する地位を保っている。現在約2400人の学生が在籍している。60％が公立高出身、40％が私立高校出身。白人の学生が多いが、最近は有色人種が25～33％を占めるようになった。海外からの留学生は10％。

各誌の大学ランキングで最難関校、またリベラルアーツ（基礎教育）のトップ校の一つとして数えられている。たとえばフォーブス誌の「America's Best University」（２００８年度）では全米の大学中、第19位（２００８年度）にランク付けされた。

玉井　私が財団法人・交通遺児育英会の専務理事を務めていた１９７９年ごろ、育英会の財政が厳しい時がありました。それを打開するため私は匿名の交通遺児への学費の継続的提供者を募ることにしました。その制度につけたネーミングが「あしながおじさん」でした。

その当時、同じ趣旨の「教育里親制度」を作って寄付者を募集したことがあったのですが、応募してきた人は皆無でした。暗いイメージがあったんでしょうね。

そこで子供時代に姉が読み聞かせをしてくれたことのある小説『あしながおじさん』[11]を思い出したんです。表紙には長身で、燕尾服にシルクハット姿の男性のシルエット。文中のあちこちに描かれていたおもしろいウェブスターさん手書きの挿画《イラスト》が私の脳裏から離れず、30年以上もたったある日、ふと「あれだ」と感じたのです。要するにひょっこりと頭に浮かんだのです。

11　ジーン・ウェブスター（本名アリス・ジェーン・チャンドラー・ウェブスター。１８７６〜１９１６年）が１９１２年に発表した小説。

ウェブスターはニューヨーク州生まれ。１８９７年にバッサー大学に入学。『あしながおじさん』はこの時の体験をもとに書かれた。その内容は、孤児院で育った少女ジュディが、ひとりの資産家の目にとまり、毎月手紙を書くことを条件に、大学進学のための奨学金を受けるという物語。ジュディは資産家を「あしながおじさん」と呼び、無事に大学を卒業する。これまで何度も映画化された。

その後、あしながおじさん制度の構想を綿密に練ったうえで79年4月に記者会見を開き、「同月下旬から全国の主要都市で、『あしながおじさん』の街頭募集キャンペーンを始めたい」と発表しました。その際、「あしながおじさんとして、ひとりの遺児に愛情を注ぎ、高校卒業まで面倒を見る、という寄付者の大きな意志が加わっているところに、従来の寄付との違いがあります。もちろん『おじさん』には会報や、奨学生の文集などを送り届け、絆を深めていってもらいます」と付け加えました。女優の森光子さんは学生募金に必ず参加してくださった「あしながさん」[12]でした。

12　この当時、ある新聞の投書欄に「私も寄付したが、私はおじさんではなく女性よ」との意見が掲載された。それを入れて、その後は「あしながさん」と呼ぶようにした。

刊行当時のLIFE誌に掲載された『あしながおじさん』の広告（バッサー大学所蔵）

メディアは好意的でして「交通遺児が待っています。あしながおじさんヤーイ」「育英会財源ピンチ」（読売新聞）などと紹介してくれました。おかげさまで記者会見から1カ月間で1500人以上のあしながさんが申し込んでくれました。

――小説の中の「あしながおじさん」のイメージとともに、奨学金の寄付制度への理解が深まったということでしょうね。ところでバッサー大学とはどういう経緯で連携を深めることになったんですか。

小説『あしながおじさん』出版から100年

玉井 2010年ごろからジーン・ウェブスターの母校である同大と連携を取りたいと考え出しました。2012年が『あしながおじさん』出版からちょうど100年の記念すべき年だったからです。そこで2010年1月に同大のキャサリン・ヒル学長[13]あてにメールを初めて送りました。その内容は、①2012年は『あしながおじさん』出版から100年になる、②あしなが育英会はその名前を冠にして40年間、日本で遺児支援をしてきた。今までに9万人の遺児に奨学金を貸し、高校・大学に進学・卒業させた。900億円の寄付を集めてきた、③現在は日本国内だけでなく海外の遺児も支援しており、その実績からオバマ大統領が09年11月14日、東京でスピーチした際、ホワイトハウスからスピーチ会場にＶＩＰとして招待を受けた、④2012年からアフリカのエイズ遺児たちを世界の大学に送りたいと考えている。お会いして、いろいろと相談したい――というものでした。

13　1976年に米国ウィリアムズ大学を首席で卒業。また英国オックスフォード大学のブレーズ・ノーズ・カレッジで文学士と文学修士を取得し、ここも首席で卒業した。米国エール大学の経済学博士課程を修了。その後、世界銀行や米連邦議会予算事務局に勤め、さらに94年から97年までハーバード研究所のマクロ経済構造改革国際開発プロジェクト長官としてアフリカのザンビア共和国に滞在した。その後、母校のウィリアムズ大学で教鞭をとり、99年に同大学の学長に就任。2006年にバッサー大学の学長になり、現在に至る。専門はアフリカ経済学。

その後、2011年6月、ニューヨークでの9・11テロ遺児救済街頭募金活動のために訪米した際、バッサー大学を初めて訪問し、レイチェル・キッジンガー学務部長に会い、「アフリカ遺児教育支援100年構想」を説明するとともに、あしなが育英会の紹介によるアフリカ遺児を、留学生として受け入れてくれるよう申し入れました。大学側も了承し、協定書に調印しました。

合唱隊による合同演奏会実現へ

——同年12月19日にはブラジル・サンパウロ出張の途中、東日本大震災による津波遺児救済活動のためニューヨークに立ち寄った際、同大を訪ねてヒル学長に初めて会ったそうですね。

玉井　そうです。その際、私は小説『あしながおじさん』出版100周年の記念イベントとして、ウガンダの「寺子屋」のエイズ遺児たちとバッサー大学合唱部による合同演奏会の実施を検討してほしいと提案しました。

早稲田大学留学が決まり喜ぶナブケニャ・リタさん（2006年）

二つの提案は、翌2012年1月30日にヒル学長が来日した際、私たちの希望通りに実現することで合意しました。具体的には①バッサー大学は、ウガンダのエイズ遺児で現在、早稲田大学大学院に在学中のナブケニャ・リタさん[14]を2012年9月に特別研究員として受け入れる、②リタさんの授業料は全額をバッサー大学が負担する、③合同合唱団による公演については2014年前半にバッサー大学内、ニューヨーク、ワシントンDC、東京、北京で開催する、④同年後半にはロンドン、パリ、ドイツ、ウガンダ・マケレレ大学などで公演する、⑤バッサー大学は、「あしながウガンダ」にインターンシップとして2012年夏以降、毎年、学生を派遣する――ということになったんです。

14　1986年4月、ウガンダの首都カンパラ近郊のナンサナ村で生まれる。93年、リタさんが7歳の時、父親をHIVエイズで亡くした。リタさんはHIV検査で陰性。感染していない健康児で、あしながウガンダ・レインボーハウスの1期生。地元の中学、高校を卒業した後、ウガンダ国立チャンボゴ大学に合格したが、奨学金の受給資格を得ることができずに入学を断念。同ハウスの勧めを受けて早稲田大学国際教養学部に合格、2006年4月に入学した。2009年、休学して1年間、中国・北京大学に留学。2012年4月、早稲田大学大学院に進んだ。9月から同大学院を休学して米国バッサー大学に特別研究員として留学。

――ウガンダの寺子屋の遺児とバッサー大学合唱部のコラボレーションはユニークな試みですね。

玉井　目玉企画と言っていいですね。その日の食事さえままならない黒人の子供たちと、一方で裕福な白人の大学生が一緒に舞台に上がり、歌合戦をするわけですから。異色の組み合わせですが、「アフリカ遺児教育支援100年構想」のPRに一役かってくれるでしょうし、一つの舞台の上にいる二つの極端に異なったグループを観た人はいろいろと考えてくれるのではないでしょうか。思いがけないほどの成果を挙げてくれるのではと思っています。

――合唱を選んだのはどうしてですか。

玉井　歌が一番わかりやすいからです。アフリカの子供たちは歌やダンスで、その国の歴史や現状を表現するのが上手なんです。いいコラボレーションができると思います。

――それにしてもヒル学長の決断はスピーディーですね。

玉井　非常に進歩的な女性です。行動派でもありますしね。2011年12月、初めて会って100年構想を説明したところ、5分間で意気投合することができました。ザンビアで勤務した経験があるうえ、アフリカ経済学の専門家ですからね。「さすがだ」と思いました。

――バッサー大学はこれまでアフリカからの留学生を受け入れていなかったんですか。

玉井　大学生が2、3人いると言っていました。しかし、アフリカからの留学には大変なおカネがかかります。そのために裕福な家庭の子弟しか留学できません。ですからヒル学長は「アフリカからの留学生は大学生なのに子供みたいだ」と言っていました。

――お金持ちのボンボンばかりで、あまり勉強しない？

玉井　バッサー大学はレベルが高い（全米難易度ランキング7位前後）ですからね。「それに引き換え、あしなが遺児たちは志が高いようだ」と歓迎ムードでした。「リタさんのような学生を実は欲しかった」とも言っていました。

「NEW INTERNATIONAL ASHINAGASAN」を募集

――マケレレ大学での講演で玉井さんは100年構想の具体化の方策として「ASHINAGA INTERNATIONAL PLAN」というものを提示しましたね。それはどういうものなのですか。

玉井　すでにお話ししたように、最も貧しいサブサハラ49カ国から毎年1人の優秀な遺児を選び、世界のトップ100～200の大学へ留学させるようとするのが「あしながアフリカ遺児教育支援100年構想」の骨子です。

大学への留学費用は、企業、団体、基金、受け入れ大学などのほか全世界から「NEW INTE

RNATIONAL　ASHINAGASAN」を募集する予定です。そのための具体的な計画案が「ASHINAGA　INTERNATIONAL　PLAN」です。日本国内で日本の奨学生向けにやってきたものの国際版です。

同PLANは大きく分けて2点です。

1点は、「NEW　INTERNATIONAL　ASHINAGASAN」を世界各国から募集するわけですが、その際、私は49のユニット（おさいふ）を世界中に作ろうと思っています。このユニットを募金の受け皿にするわけです。

まずは、いま伸び盛りにある、または旧来からの大富豪を基本に、時代をリードするIT企業、1人の留学生を無償で預かってくれる大学、国、基金などで39ユニットを作りたいと思っています。たとえばグーグル、バッサー大学、中国のほか、考えてもいなかったようなスポンサーが現れることもあり得ます。

残りの10ユニットは世界の有名人から名前を借りてユニット名にしたいと考えています。一般の人は好きなユニットを選んで5000円でも1万円でも寄付することができるようにしたいと思っています。つまりアフリカを救うための全地球参加型のおさいふというわけです。アイディアはまだまだあります。国連などの人口予測によれば、22世紀中に3人に1人がアフリカ人になると言われています。長丁場の仕事になりそうです。

有名人の一人としてフランスの自動車メーカー「ルノー」の名誉会長であるルイ・シュバイツアー氏に懇請したいと思っています。[15] 同氏はアフリカと所縁があるんです。なぜかと言うと、同氏の父方の大叔父は、アフリカでの医療活動と伝道活動に生涯をささげ、後にノーベル平和賞を受け、少年少女のあこがれとなったアルベルト・シュバイツアー博士だからです。[16] これはまだ私の夢物語ですが……。

15 1942年、疎開先のスイス・ジュネーブ生まれ。エリートの養成校であるフランス国立行政学院（ENA）卒業後、会計検査官を経て1981年、ファビウス蔵相の官房長に就任。86年に「国営ルノー公団」に転じ、92年、49歳の若さで会長兼最高経営責任者（CEO）に就任し、ルノーの再建に成功した。ミシュランから引き抜いたカルロス・ゴーン氏に日産自動車の再建をまかせ、2005年にCEOをゴーン氏に譲り、09年まで会長を務めた。現在は名誉会長。

16 1875年1月、ドイツ帝国領だったアルザスで生まれた。フランスの神学者、哲学者、医者、オルガン奏者、音楽学者。38歳の時に医学博士号を取得し、アフリカのガボン（当時フランス領赤道アフリカの一部）のランバレネで医療・伝道活動を始めた。第2次世界大戦後は、広島と長崎に原爆が落とされたことを知り、核問題を中心に反戦運動を展開した。1953年にノーベル平和賞を受賞。晩年もランバレネで医療活動を続け、65年、90歳で死去した。

――シュバイツアー博士の名前はアフリカでも知られているでしょうから、その縁戚の人があしなが運動に名を連ねてくれるといいですね。アフリカ100年構想にとって大いにプラスになるのでは？

玉井 そうだと思います。今秋にはパリに行き、懇請する予定です。「ASHINAGA INTERNATIONAL PLAN」の2点目の柱は米国のバッサー大学のように、授業料や寮費を全額負担して留学生を引き受けてくれる大学がほかにも期待できるということです。英国やフランスは旧宗主国としてアフリカ各国を植民地支配してきた歴史があります。きっとあしなが運動に協力してくれると思っています。今年秋には英国のオックスフォード大学にも行き、協力を求めたいと考えています。そういう基軸大学をヨーロッパ各地に作りたいですね。

また中国の北京大学は、バッサー大学と留学生交換で合意しています。私は1985年に胡錦濤国家主席（当時は中華全国青年連合会主席）と会食する機会がありました。それ以来、遺児の招待や留学などでお世話になっています。そういうつながりから、中国政府や北京大学の協力も得られるのではないかと期待しています。

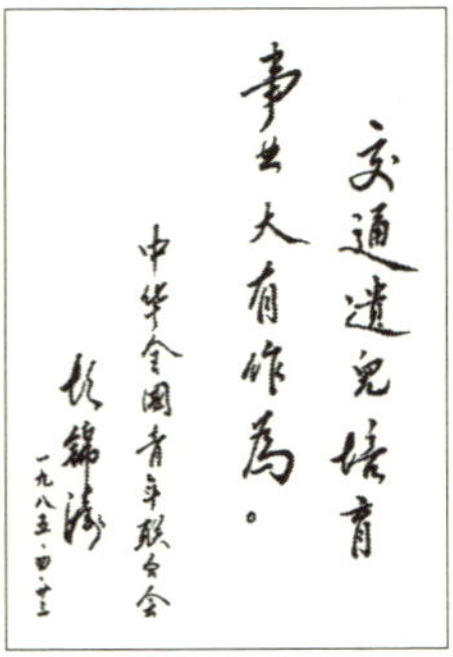

〔左〕中華全国青年連合会主席当時の胡錦濤国家主席と会食する玉井義臣会長。〔右〕胡錦濤主席から玉井義臣会長へ贈られた遺児支援活動を称える書

副会長に堀田力、副田義也、樋口恵子氏らが新たに就任

――少し旧聞に属しますが、今年4月1日付で副会長や理事のメンバーを強化したそうですね。

玉井　2011年3月11日の東日本大震災で親を亡くした遺児たち2000人あまりに1人当たり200万円の生活一時金を贈ったことは、前に話した通りです。この時は、日本国内だけでなく世界各国から募金が集まりました。これは、あしなが育英会が世界規模の団体に変わったことを意味します。育英会の運営に当たってはこれまではやむを得ず、遺児の卒業生ばかりで副会長や理事を固めていたのですが、世界に広がる膨大なサポーターの期待に応えるために、日本の代表的な各界の「顔」と言われる人々に協力してもらうことにしました。いままでと同じでは国際的信用に欠け、時代やスピードに後れを取ってしまいかねませんからね。

さらにアフリカ遺児教育支援100年構想を進めるために、アフリカの専門家も必要になってきました。

そこで福祉や社会運動、アフリカ研究などの専門家である人たちに副会長や理事への就任をお願いしました。新たに副会長になっていただいたのは堀田力さん（公益財団法人さわやか福祉財団理事長・弁護士）▽副田義也さん（元筑波大学副学長・同大名誉教授）▽樋口恵子さん（東京家政大学名誉教授）の3人です。

新たに理事になっていただいたのは池上清子さん（日本大学大学院教授）▽近藤正晃ジェームスさん（Twitter　日本代表）▽大阪の医学界の重鎮である堀正二《まさつぐ》さん（大阪府立成人病センター総長）▽大阪大学の教授である大和谷厚さん（大阪大学総長補佐）です。監事として武田豊あしなが育英会初代会長の秘書だった小谷勝彦さん（日鐵住金建材専務取締役）が就任しました。

さらに特筆すべきは、従来あしなが育英会は卒業生が理事、評議員を務めていましたが、新たに評議員として日本ブラジル交流協会の卒業生の中から江利川宗光さん（日本航空執行役員人事本部長）▽武田千香さん（東京外語大学教授）▽田口禎則さん（日本女子サッカーリーグ専務理事）の3人が加わり、さらに緒方洪庵の玄孫の緒方洪章さん（画家）▽米国人のリチャード・カシンスキーさん（京都大学医学博士）にも参画してもらいました。

池上清子さんは緒方貞子さん（前国際協力機構理事長・元国連難民高等弁務官）の教え子であり、アフリカ問題の専門家です。アフリカ遺児教育支援100年構想の実現に向けた強力な布陣を敷くことができたと自負しております。

前会長代行の金木正夫・米国ハーバード大学医学部准教授（遺児OB）には、これまでずいぶん助けてもらいました。しかし、本人から二つの仕事を両立させるのには無理があるとの申し出があり、私の相談役ということで「会長特別補佐」を引き受けてもらいました。

（聞き手　仮野忠男）

第2章　あしなが運動　半世紀の真相を語る

玉井義臣氏が交通遺児の救済活動に取り組むきっかけは母親の交通事故死だった。母親の「敵討ち《かたき》」に始まり、その後、あしながおじさん制度の導入、全遺児の高校・大学進学支援へと進化していく。この間、政治家や官僚たちとの壮絶なバトルも。財団法人・交通遺児育英会、さらにその後のあしなが育英会にまで及ぶ50年間を振り返る。

原点は交通事故死した母の「敵討ち」だった

――玉井さんは２０１２年２月６日、77歳になりました。その２日前、東京都内で喜寿を祝う会があり、「あしなが育英会」や「交通遺児を励ます会」「日本ブラジル交流協会」などの関係者のほか、玉井さんが日本留学を支援しているウガンダ、アフガニスタン、ソマリア、インドネシアからの大学生なども参加しましたね。「祝う会」は東京のほか神戸市でも開かれ、２会場の参加者は計４５０

人にも達したとか。玉井さんのこれまでの活動が評価された結果と言っていいのではないでしょうか。いずれにしても喜寿を迎え、まずはおめでとうございました。

玉井　ありがとうございます。私と交通事故との闘いは半世紀になります。1963（昭和38）年12月23日、私の母ていは大阪府池田市の自宅前で暴走してきた車に轢《ひ》かれました。母は頭部外傷を受け、意識を失いました。家族で唯一、時間的余裕があった私が付き添い、看病を引き受けました。治療らしい治療も受けられず、昏睡状態が続き、「万に一つの可能性がある」として頭部手術を受けました。しかし、執刀した医師は脳手術の経験はもちろん、そのための教育も受けたこともない人でした。手術の後、母の容体は急変し、母は一声、動物のようななり声を上げて亡くなりました。事故から36日目、74歳の時でした。その時、私は母の「敵討《かたき》ち」を誓いました。この時が私の人生の岐路でしたね。

――玉井さんが27歳の時ですね。この当時は東京で経済ジャーナリストをしていたそうですね。

玉井　経済ジャーナリストと言えば、聞こえはいいのですが、業界紙にいい加減な原稿を書いて食いつなぐという不安定で無頼な生活をしていました。しかし、母の死をきっかけに目を覚まされました。「母はどうして満足な治療も受けられず、苦しみぬいて死なねばならなかったのか」と思い、お粗末な救急医療体制や、脳外科にかかわる基本的な教育を受けることのできない医療行政に疑問を感じ、大学などの医療機関を取材しました。

東大脳神経外科講師の証言

玉井　ところが肝心の医師たちの多くは口を固く閉ざし、通り一遍の説明を繰り返すばかりで、断片的な事実しかわかりません。あきらめかけていたころ、東京労災病院長（元東大脳神経外科講師）の近藤駿四郎さん（故人）が次のような事実を教えてくれました。

「交通事故が激増し、死亡者の死因の7割は頭部外傷だ。しかし、日本には脳外科の専門医が200人しかいない。それらの専門医のほとんどは大学病院に勤務しており、交通事故の負傷者を診ることはない。何故か。小さな病院や町医者が、自賠責保険による診療報酬欲しさに専門医のいる大学病院に負傷者を送り込まないからだ。迅速に適切な治療を受ければ3割の患者が助かるのに保険制度や救急医療体制が不備であるために犬死にさせられている」

私はこの証言を得て、取材をやり直し、母の死から1年半後、「交通犠牲者は救われていない――頭部外傷者への対策を急げ」と題する原稿用紙20枚の論文を書き上げました。

出身大学は異なりますが、友人の中に学生時代から親しかった朝日新聞経済部記者の富岡隆夫君（後に経済部長、「ＡＥＲＡ」初代編集長）がいました。富岡君を通じ、その論文を「朝日ジャーナル」の遠藤剛介デスク（故人）に持ち込み、論文は1カ月後に同誌（１９６５年7月18日号）に掲載されました。次いで同誌の同年9月26日号に「ひかれ損の交通犠牲者――損害賠償の現状と打開策」を書きました。都留重人さん（経済学者・故人）が朝日新聞の「論壇時評」でこの論文を取り上げたことで、大きな反響を呼び起こしました。これを契機に朝日新聞の社会面やＮＨＫなどが交通戦争[1]と救急医療問題に焦点を当てた特集や記事を相次いで掲載・放送しました。そのたびにコメントを求められた私には「交通評論家」という肩書がつきました。

1　戦後の高度経済成長とともに、自動車保有率の上昇と比例して、交通事故がうなぎ上りに増え、年間1万人以上が死亡する事態になった（警察庁がまとめる交通事故死亡統計は、事故発生から24時間以内に死亡した場合のみが対象)。１９７０年は全国で1万６７６５人が死亡し、「交通戦争」と称される事態になった。その後、交通取り締まりの強化や歩道・ガードレールの設置、高速道路の建設、シートベルトなど自動車の安全装備の向上などで死者は減少に転じ、同庁のまとめでは２０１１年の全国の交通事故死者数は４６１２人だった。

テレビで交通戦争の実情や自賠責保険の問題を指摘

——その後、テレビにも登場するようになりましたね。

玉井　翌１９６６(昭和41)年、日本教育テレビ(NET、現在のテレビ朝日)で「桂小金治アフタヌーンショー」が始まりました。じつは小金治さんには、横断歩道で誤った誘導をして小学生が交通事故に遭ったという苦い経験がありました。ですからアフタヌーンショーのキャスターを引き受ける条件として「週1回、交通問題のキャンペーンをやる」ことを求めたそうです。

当時の私は、全国で1人しかいない「交通評論家」でしたから、さっそく声がかかり、交通問題のプロデューサー兼シナリオライター兼コメンテーターとして、毎週月曜日に出演しました。他のマスコミからも引っ張りだこになり、「朝日ジャーナル」から「平凡パンチ」まで毎週のように記事を書きました。ようやく生活も安定し、まさに「30にして立つ」でした。

——玉井さんが取り上げた自賠責保険[2]は、何が問題だったのですか。

玉井　母が事故に遭った当時の損害賠償は、自賠責保険が死亡1人30万円、治療費が10万円でした。10万円というのは、その当時の大卒の初任給が3〜4万円でしたから、かなりの金額でした。交通事故による負傷者が運び込まれた外科病院や診療所には確実に保険診療費が入るわけで、事故被害者はお得意さんというわけです。そこで患者を「囲い込む」のが一般的でした。しかし、外科医といっても脳神経外科の専門医はほとんどいませんでした。当時、大学病院で脳神経外科が診療科目としてあったのは東大、慶大、京大、岡山大の4医学部だけでした。脳の切開手術が必要だとわかっても、それをやれる外科医がほとんどいなかったのです。

2 1955年に施行された自動車損害賠償保障法により、自動車および原付自動車購入時に加入が義務付けられている損害保険。強制保険とも言われる。交通事故が発生した場合、被害者への最低限の補償額が定められている。現在は被害者1人につき死亡3000万円、障害120万円（このうち死亡3000万円は玉井氏らの政策要求の結果、それまでの10倍に引き上げられた）。民事裁判などで認定される補償額と比べかなり低いことから通常は自賠責を補うために補償額が1億円ぐらいの任意保険に加入する自動車ユーザーが多い。

各大学が脳神経外科の設置に動く

玉井　しかし、私が論文やキャンペーンを通じて脳神経外科を診療科目にする法改正を提唱したことから各大学の医学部に脳神経外科が設置され、医学生たちがそれを専攻するようになりました。当時、テレビで米国ドラマ「ベン・ケーシー」が人気になっていたことも大きかったですね。

私も脳手術の現場を取材しては、その記事を書きまくりました。最近、「神の手」といわれる脳外科の先生から「この道を志したのは、玉井さんの記事がきっかけでした」と言われ、うれしかったですね。

自賠責が抱えていた問題点を取材するため、東京地裁の交通事故関係の訴訟資料を徹底して洗い出し、保険会社や自動車会社のほか、警察などの行政機関を追及しました。当初、保険会社や自動車会社は、ユーザーが車を買い易くするために、できるだけ安い保険料にし、補償金や治療費を低く抑えていました。ところが、東京オリンピック（1964年）をきっかけにたくさんの外国人観光客が来日したこともあり、「日本の事故への補償金額は安すぎる」という声が高まり、自賠責も欧米諸国を手本にして徐々に引き上げられていきました。

交通遺児の救済・支援活動が私の天職

——交通遺児の支援活動に乗り出すきっかけは何だったんですか。

玉井　交通評論家として毎日、忙しい日々を送っていた1967（昭和42）年春、岡嶋信治さんという当時24歳の青年から「ぜひ、お会いしたい」という申し入れがありました。7月3日、「桂小金治アフタヌーンショー」の番組終了後、日本教育テレビ内の喫茶店で会いました。

岡嶋さんは新潟県立柏崎農業高校3年生の時、親代わりだったお姉さんと甥を交通事故で亡くしました。[3] 高校卒業後、岡嶋さんは測量会社に就職しましたが、測量士の資格を取るため工学院大学専修学校土木科（夜間）で勉強しました。さらに岡嶋さんは会社を休職し、日本測量専門学校（昼間）に入学、アルバイトをしながら1年後に測量士として自立することができました。そこで岡嶋さんは「これからは自分と同じ境遇の交通遺児の救済運動をやろう。大学生らに呼び掛けて『交通事故遺児を励ます会』を結成したい」と考え、運動を始めていました。

3　この交通事故は1961年11月17日、新潟県長岡市内で起きた。岡嶋さんの姉と背中におぶっていた長男が、酔っ払い運転の暴走小型トラックに轢かれたのである。加害者は轢いた後、姉らを引きずりながら逃走したが、その後逮捕され、新潟地検は殺人罪で起訴した。交通事故の加害者に殺人罪が適用された全国で初めてのケースとなった。岡嶋さんは同年12月1日付朝日新聞東京本社紙面の「声」欄に「走る凶器に姉を奪われて」と題する投書を寄せ、轢き逃げ事故の根絶と加害者への厳罰化を訴えた。

岡嶋さんは私に会うなり、「交通遺児を励まし、奨学金で高校に進学させるという母親たちの唯一の希望をかなえてやりましょう。ぜひ一緒にやりましょう」と握った私の手を離さないのです。当時は、怪しげな売り込みや依頼が少なくなかったことから「これはまずいな」と一瞬、思ったのですが、最後は彼の気迫に負けて「やりましょう」と答えるほかはありませんでした。でも今から考えると、よくぞ誘ってくれたと思います。この日から死因、国籍を問わず遺児の救済が私の天職になりました。

――交通評論家から社会運動家に変わっていったわけですね。

玉井　私は「交通事故遺児を励ます会」の相談役になりました。その時、岡嶋さんたちが困っていたのは「多くの遺児たちが全国にいるはずなのに、どこにいるかわからないし、見つからない」ということでした。学校や警察、交通安全協会などを訪ねて、「事故犠牲者の家族に幼い子供たちがいないか」と尋ねても、なかなか教えてくれなかったからです。「遺児を励まそうと思っても遺児が見つからない」では運動になりません。励ます会の会員たちが次第に会を離れていきました。「どうしたら遺児を見つけられるか」。私に相談がありました。そこで私たちは、テレビや新聞での呼び掛けを始めました。と同時に交通安全対策を所管していた総理府（当時）に掛け合い、東京都内の遺児の名簿を出してもらいました。その名簿を基に会員たちが一軒一軒、調査に行き、60人を超える遺児を見つけることに成功しました。

若者たちによる街頭募金活動がスタート

こうした作業を通じて、次第に全国各地の交通遺児を把握することができるようになりました。しかし、「ただ集まって励ますだけでいいのか。やはり、おカネを出して遺児たちに学校に行ってもらおう」ということなり、それが育英資金の募金運動へと発展していきました。「若者が中心となってお金を集めるには街頭募金がいい」と思い立ちましたが、これが簡単ではありませんでした。街頭での募金活動は一般の市民や団体が勝手にできるものではありません。日本赤十字社やNHKの歳末助け合いのように、公的に認められたもの以外はできないのです。そこで考えたのは、またまたマスコミの協力を得ることでした。私が朝日新聞社に頼み、朝日新聞厚生文化事業団が後見人になって保証をしてもらうことでやっと東京都の許可が下りました。

１９６７年10月22日、「交通事故遺児を励ます会」はその旗揚げを記念して、東京・数寄屋橋の交差点とJR池袋駅東口で街頭募金を実施しました。募金に立ったのは「励ます会」の若者たち十数人でした。8日間、朝10時から夜8時まで行いました。ほとんどの若者が仕事を持っていたことから、朝昼は1～2人で、夕方は皆で立つという辛い募金でした。午後8時に終了すると、数寄屋橋の交番を借りて、そこで計算しました。10円玉を10枚重ねて、1、2、3といった調子で何度も計算して、間違いがなければ、おまわりさんに確認のハンコを押してもらい、それを翌朝、隣の朝日新聞厚生文化事業団の事務所に毎日運び、収納してもらいました。本当にきつい作業でしたが、8日間で集まった募金は30万円を超えていました。これが財団法人・交通遺児育英会と、その後のあしなが育英会の種銭《たねせん》になったわけです。

「交通遺児を励ます会」で街頭募金に立つ
岡嶋信治氏

交通遺児の全国実態調査を約束・実施した田中龍夫長官

——交通遺児育英会を作るきっかけになったのは、まさにこの街頭募金だった？

玉井　そうです。しかし、翌年の1968年4月15日の「桂小金治アフタヌーンショー」がより大きなきっかけになりました。番組中、小学生の交通遺児だった中島穰君が泣きながら「天国にいるおとうさま」という作文を読み上げました。「泣きの小金治」と言われた小金治さんをはじめ、スタジオ中が涙、涙となりました。ゲストとして田中龍夫総理府総務長官[4]（当時）が出席しており、田中長官も涙をこぼしていました。私には、全国の茶の間からスタジオに、涙が逆流してくるかのように感じられました。この作文を含めた『天国にいるおとうさま』という作文集がこの年の秋にサイマル出版会から出版され、ベストセラーになりました。

「桂小金治アフタヌーンショー」で「天国にいるおとうさま」を泣きながら読む中島穰君

——社会学者の副田義也さんが書いた『あしなが運動と玉井義臣——歴史社会学的考察』（岩波書店）は、この場面について「いつの世でも人々を感激させるのはお涙ちょうだいだ」「この場で泣かなかったのは玉井だけだった」と書きました。大事なことは、玉井さんがこの場で、田中長官に対して交通事故遺児の全国実態調査を実施するように迫ったことです。田中長官も実施を確約したそうですね。

玉井　そうです。田中長官は総理府に戻った際、役人から怒られたそうです。役所として厄介な仕事を引き受けたくなかったからでしょう。しかし、田中長官は断固として調査をやらせました。実はこの直後に、衆院予算委員会で社会党の横山利秋議員（故人）が、遺児の作文集を手に政府に実態調査の実施を迫りました。これは、私が横山議員に頼んだ結果でした。

遺児の実態調査はこの年（１９６８年）の11月にまとまりました。総理府としても、あれだけ涙を流した国民の声を無視できなかったのでしょう。調査結果は①同年5月現在で、全国の小・中学校に在学中の交通遺児は２万７７６６人②その約90％は父親を失った子供であり、彼らの38・３％は生活保護を必要とする世帯、あるいはそれに準じる生活水準の世帯――などというものでした。

4（１９１０～１９９８）陸軍大将や首相を務めた田中義一氏の長男。家督を継ぎ男爵、満鉄に勤務。１９４７年、最後の官選知事として地元山口県知事を務め、その後、衆院旧山口１区から連続13回当選。自民党福田派に属し、67年、第2次佐藤栄作内閣で総理府総務長官として初入閣。通産相（福田赳夫内閣）、文相（鈴木善幸内閣）などを歴任した。おっとりした性格で「たっぷさん」の愛称で親しまれた。

佐藤栄作首相も受け入れた交通遺児育英会の設置

――国の実態調査の結果、交通遺児の深刻な状況が分かってきた？

玉井　そうです。父親を交通事故で亡くした子供のいる家庭の4割近くが生活保護を受けている、とかですね。これを受け、国会で「国の責任で交通遺児育英会を作り、救済に取り組むべきだ」という声が与野党一致して高まり、時の佐藤栄作首相（故人）も「財団法人・交通遺児育英会」[5]の設立を受け入れました。

私は「遺児救済事業がうまくいくかどうかは会長人事にかかっている。会長には当時、富士製鉄社長で財界きっての大物である永野重雄さん（故人）がふさわしい」と考えました。永野さんは、このころ発生した名古屋の猿投《さなげ》ダンプ事故[6]に関し、加害者側に対して厳しい意見を表明していました。またテレビでの交通問題に関する座談会で面識もありました。

とはいっても30歳そこそこの若造がお願いに行くわけにはいきません。そこでたっぷさんに相談しました。すると翌日、たっぷさんから「永野さんで決まったよ」という電話がありました。当時、蔵相で、たっぷさんが所属する派閥の領袖だった福田赳夫さん（故人、後に首相）に依頼したところ、福田さんはその晩のうちに料亭で永野さんと会い、了承してもらったということでした。

5 1969年1月31日の閣議で政府方針として設立を了解。5月2日、総理府・文部省共管の財団法人として発足。主な役員は会長＝永野重雄氏▽専務理事＝玉井義臣氏▽監事＝岩佐凱実氏（富士銀行頭取、故人）らだった。岡嶋信治氏は常任理事の一人として就任した。同年10月には高校生向けの奨学金制度が始まり、73年には大学生向けの奨学金制度も始まった。第2代会長は武田豊氏（新日鉄会長、故人）、第3代会長は林健太郎氏（元東大総長、故人）だった。2006年以降、現在まで清水司氏（元早大総長）が会長を務めている。ただし、玉井氏の略歴にもある通り、同氏は1994年に専務理事を辞任、育英会とは袂《たもと》を分かった。

6 1966年12月15日、愛知県猿投町（現豊田市越戸町）の国道153号線で起きた。居眠り運転のダンプカーがライトバンに追突した。2台は、横断歩道を渡っていた近くの保育園児と保育士の列に突っ込み、園児10人、保育士1人が死亡、22人が重軽傷を負った。この事故は「交通戦争」の代表的な事例として国会で取り上げられ、土砂等を運搬する大型自動車による事故防止等に関する特別措置法（通称・ダンプ規制法）制定の引き金となった。

――交通遺児育英会の常任理事以上の役員をみると、財界人4人、元高級官僚4人、「励ます会」出身者4人（玉井さんと岡嶋さんのほか女性会員と学生会員）、学者1人という構成でした。実際は官僚OBが優位を占めていたということでは？

玉井　そうです。「官民あげての組織だ」というふれ込みでしたが、実態は総理府といった役所のOBが優位を占めていました。定款なども役所が作りましたしね。

しかし、当時は「よくここまで来たものだ」と思ったものです。岡嶋君、たっぷさん、永野重雄さんと私の間には、本来ならまったく結びつきそうなものはなかったのに、こうしてつながったわけですから。「出会いの妙」としか言いようのないこともあるんですね。

全国の大学生たちが交通遺児救済活動に立ち上がる

――財団法人・交通遺児育英会が正式に発足したころ、大学生たちが募金活動を自主的に始め、そこで集まった募金が同育英会の運営に大きく貢献するようになりましたね。

玉井　その一つは１９６９年7月から9月にかけて、青山学院大学と東京理科大学の2学生（ともに3年生）が自動車を交代で運転しながら全国を回り、１６９万円余りを集めて、育英会に寄贈したことでした。二つ目は翌70年5月、秋田大学鉱山学部の山本五郎、桜井芳雄両君らが大学祭の企画の一つとして、遺児たちのための募金活動を実施したことです。桜井君たちは全国39大学の学生の協力を経て、１２５万円余りを集めました。

こうした動きをきっかけにして、全国１２７大学の自動車部が組織する全日本学生自動車連盟のメンバーが翌71年、第2回の募金運動を全国規模で展開しました。さらに学生たちが中心となって、全国に30あまりの「交通遺児を励ます会」ができました。

このうち秋田大学の山本、桜井両君らは自動車を使って「日本縦断チャリティー・ラリー」をやろうと計画しました。それを実現するため、桜井君が上京して警視庁交通部に行き、相談したところ、集めた募金の寄付先として交通遺児育英会を紹介され、私のところにやってきました。
ただし、桜井君らの計画に対しては「クルマ社会の犠牲者である交通遺児のための募金を、クルマを使って楽しむラリーで行うのは矛盾している」といった意見が出たため、ラリーは諦めて募金だけを行うことにしました。

各地に「交通遺児を励ます会」が発足

玉井　彼らは大変な行動力を持っていました。各大学を回って、運動部や文化部の各部室をひとつ残らずノックして募金活動をしたのですから。

ちょうど全共闘運動の時代で、各大学ともストライキや教室閉鎖のため授業はやっていない時期でした。学生はみんな暇でやることがないものだから、あっという間に仲間の輪が全国に広がりました。早稲田大学の高橋重範君や佐藤信機君、山口英夫君、立命館大学の学生で「大阪交通遺児を励ます会」を作った山本孝史君[7]（後に民主党衆院議員）、大阪府立大学の飯野俊男君（その後、ブラジルに移住）らが、その時に活躍してくれた学生たちです。

こうした運動の中心になったのは、地方の国立2期校や私立大学の学生が多かったですね。東京大学の学生は「おれたちは中央で一生懸命やってもうまくいかなかった。そんな時に2期校の連中が全国を制覇してしまった」と言っていました。まさにそうだったんです。私も1期校の入試に落ち、2期校の滋賀大に入りました。だからよくわかるんですが、2期校の学生には「あほらしくて学校なんか行ってられない」という不満や閉塞感があったんです。そこに出向いて、まさに「オルグ」したわけです。オルグされた学生が、さらに他の大学の学生をオルグするという形で一気に広がっていきました。

7 （1949～2007）実兄が交通事故死したのを機に、立命館大学在学中から交通遺児救済運動に参加。卒業後、財団法人・交通遺児育英会に就職、1990年から玉井専務理事のもとで事務局長を務めた。93年の衆院選で旧大阪4区から日本新党公認で出馬し初当選。衆院2期後、参院2期。民主党参院幹事長などを歴任。2005年5月、参院本会議でがん罹患を公表、がん対策基本法の早期成立を訴えた。酸素吸入器を装着しながら国会に登院したが、07年12月22日、胸腺がんのため死去した。享年58。

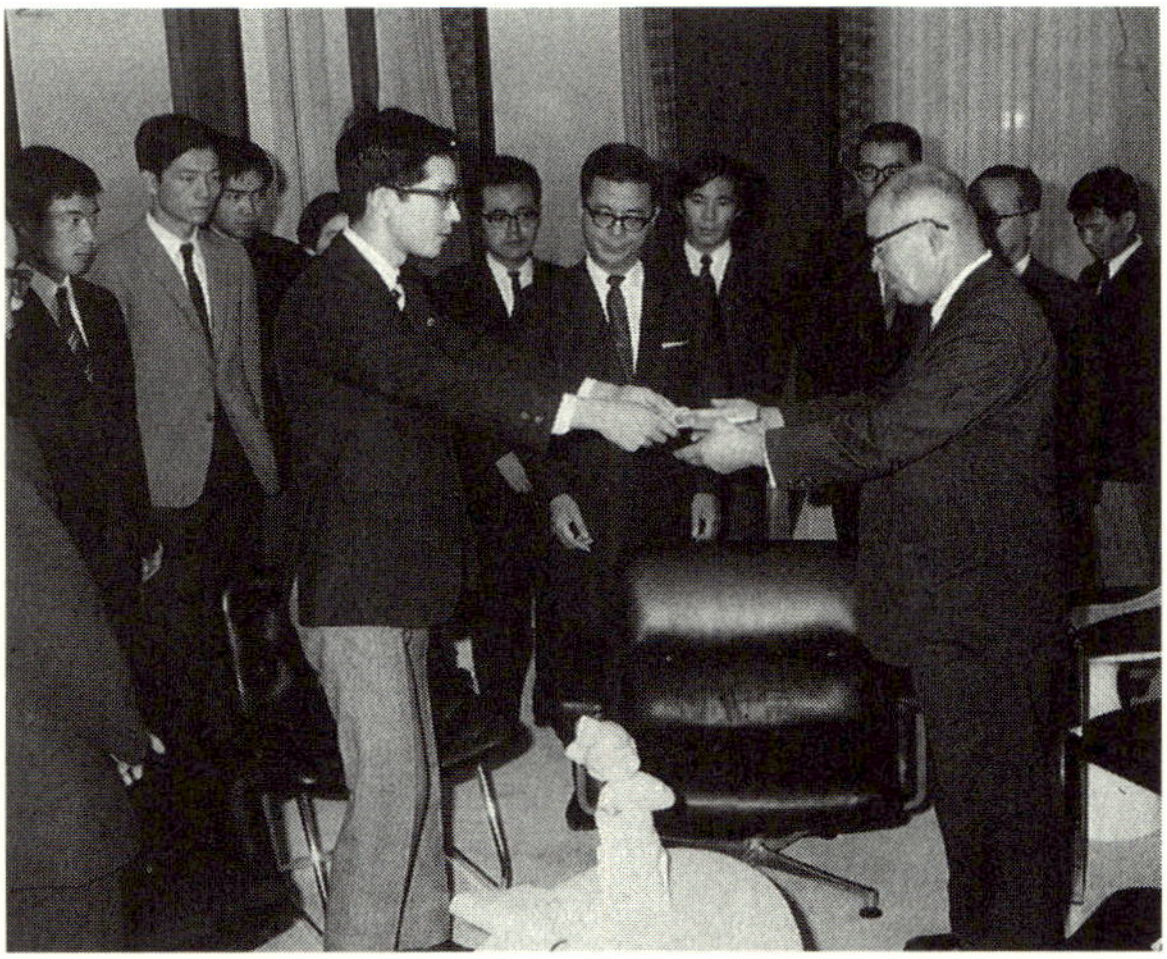

山本五郎募金事務局長から永野重雄育英会会長へ第１回募金を贈呈（1970年）（左から２番目が山本孝史氏）

山本孝史氏、藤村修氏ら多くの人材が結集

――それが「交通事故遺児を励ます会」が広がる一要因だったのですね。

玉井　当初は岡嶋信治さんがひとりで頑張っていました。しかも「励ます会」があったのは東京だけでした。そこで「全国に広げよう」と考え、各地でオルグを始めたわけです。秋田大学をはじめ多くの大学の学生たちが卒業していく中で、オルグされて仲間になったのが前述した山本孝史君や広島大学自動車部の藤村修君[8]や福岡工業大学の山北洋二君らだったわけです。私たちは、募金活動だけで終わりにするのではなく、各地に「励ます会」を作って、継続的に運動を進めようと考えました。

8　1949年11月大阪市生まれ。広島大学工学部経営工学科に在学中、交通遺児育英会の活動にボランティア参加。卒業後、同育英会に就職。その後、永野重雄氏らの応援を受け、日本とブラジルの青少年交流に取り組み、76年に「日本ブラジル青少年交流協会」を永野会長、玉井・斉藤広志両事務局長で設立。その事務局次長として活動。同協会は89年に「社団法人・日本ブラジル交流協会」に衣替えし、理事長に就任（会長は玉井）。同交流協会は２００９年に解散される。それまでの間、７５０人あまりの日本の若者が研修留学し、両国の懸け橋となった。
　93年の衆院選に日本新党公認で旧大阪３区から出馬しトップ当選。現在当選６回。民主党政権では菅直人内閣で外務副大臣、厚生労働副大臣を務めた。野田佳彦内閣で官房長官として初入閣した。

――藤村修さんも秋田大学の学生オルグで参加するようになったのですか。

玉井　いや違います。私が直接オルグしました。その当時、私は学生たちと一緒に全国を回り、募金の管理などをしていました。広島大学に行った時、藤村君に会い、オルグしました。

――どんな学生だったのですか。

玉井　まだ2年生で、静かで行儀のいい、しかし弁の立つ学生でした。リーダーというより、こつこつきちんとやる性格の学生でした。彼はその後も変わっていないですね。あれだけ変わらない男も珍しいのでは（笑い）。彼は3年生になってから自動車部の「主務」、つまりナンバー2のマネージャーになりました。彼は大型自動車の運転免許を持っていたことから、遺児たちをバスに乗せて、ピクニックに連れていくなど便利な男でした。歌もうまかったですね。ですから遺児たちに人気がありました。彼は遺児たちの作文集「写真だけのお父さん」を作って広島県議会に提出して、県に遺児支援の仕組みを作らせました。この広島方式がモデルになって、各地の学生たちがそれぞれ運動し、「励ます会」がアッと言う間に全国に広がっていったわけです。

——それを藤村さんが企画したのですか。

玉井　いや、実はすべて東京指示、私の指示に基づいて藤村君が動きました。私と藤村君とのそういう関係は今でも変わっていません（笑い）。日本という国は、関西を除くと、東京からの指示がスーッと流れる中央集権的なところがありますね。しかし、関西はそうはいきません。関西のリーダーだった山本孝史君は積極的で、私にも食ってかかるところがありました。いずれにしても彼をがんで失ったのは痛かったですね。

——話はそれますが、野田政権の後ろ盾は玉井さんだという説があります。例の野田さんと谷垣禎一自民党総裁との極秘の党首会談が行われたのは2012年2月25日昼でした。その直後に首相公邸で、玉井さんは野田さん、藤村さんに会っています。他方、自民党には交通遺児奨学生の第1期生である下村博文さん[9]がいます。下村さんは森喜朗、安倍晋三両元首相の側近です。藤村さんと下村さん。交通遺児育英会に関係のある2人が党首会談のお膳立てをしたのでは、という見方もありますが、どうですか。

玉井　それはないですね。私たちが応援している東日本大震災の被災地の女子サッカーチームがブラジルに遠征することになり、藤村君に野田首相への表敬訪問ができるように頼んだんです。そうしたら、たまたまあの日になっただけですよ。

下村君もうちのメンバーで会合には必ず顔を出します。1985年に都議選に初出馬した時は落選しました。当時、彼は学習塾を経営していて、それがとんとん拍子でうまく行っていました。落選した際、彼は「学習塾の上場会社を作り、その後に政治の場に行きたい」と言いました。私は「バカもん。今の君だから支持があるんであって、金持ちになり髭でもはやしたらポスターにもならんわ」と怒鳴ったものです。一晩がかりで説得して、彼の考えをひっくり返したんです。応援を続けた結果、彼は89年の都議選で当選しました。

9 1954年5月群馬県高崎市生まれ。小学3年生の時、父親を交通事故で亡くす。交通遺児育英会の奨学生第1期生となり、群馬県立高崎高校に進学、早大教育学部に入学。早大雄弁会に所属。東京都議（新自由クラブ）を経て、96年の衆院選で自民党から出馬し当選。現在5期目（東京11区）。安倍晋三内閣で内閣官房副長官を務めた。現在、自民党シャドー・キャビネット文部科学相。町村派に所属。

参院選出馬の打診

――1993年と言えば、政治改革関連法案の取り扱いに絡んで政界再編が取り沙汰された年です。山本孝史、藤村修両氏は同年7月に行われた衆院選に出馬し、初当選を果たすわけですが、出馬するまでにどういう経緯があったのですか。

玉井　1991年2月に熊本県知事を退任した細川護熙さんは、同年5月に「文藝春秋」誌に「『自由社会連合』結党宣言」を発表しました。そのうえで細川さんは新党への参加を各界に呼び掛け、党名を「自由新党」に決めて、7月の参院選に挑戦することになりました。[10]

そのころ朝日新聞編集委員の伊藤正孝氏[11]から私に「細川さんが、玉井さんに参院選に出てほしいと言っている」と電話がありました。私は「そんなことをしたら交通遺児育英会はすぐにつぶれてしまいます。場合によっては他の人に乗っ取られるかもしれません。私は出られません」と即座に断りました。政界への進出問題は、その後、沙汰止みになりました。

10 この時の参院選は92年7月26日に投開票が行われた。細川氏らは党名を「自由新党」から「日本新党」に変えて、選挙戦に臨んだ。日本新党は比例区に17人の公認候補を擁立し、約3600万票を得て、ミニ政党としては過去最高の4議席（細川氏を含む）を獲得した。日本新党は翌93年1月に行われた新潟県白根市長選に単独推薦候補を擁立。その候補者は、自民党・社会党推薦候補者を破って当選した。さらに同年6月の東京都議選では公認候補20人が当選した。〝細川新党〟は国政選挙だけでなく地方選挙でも人気の高さを示した。

一方、国会では政治改革関連法案が不成立に終わり、宮沢喜一内閣に対する不信任決議案が可決・成立。宮沢首相は93年6月18日、衆院を解散した。自民党からは武村正義氏、小沢一郎氏らが相次いで離党、衆院選の投票日は7月18日と決まった。

11 （1936～1995）福岡県立修猷館高校を経て早稲田大学商学部卒。朝日新聞入社後、鹿児島支局に赴任。1年後輩の同僚に細川氏がいた。東京本社社会部、政治部などを経て、カイロ特派員などを歴任。社会部記者時代には欠陥車問題をスクープした。アフリカから帰国後、「朝日ジャーナル」編集長や編集委員を務めた。元自民党副総裁の山崎拓氏とは中学、高校、大学で同期だった。

——細川さんとはどういう縁があったのですか。

玉井　伊藤さんとは、彼が福岡総局員時代から交通事故問題で交流がありました。伊藤さんは「日本自動車ユーザーユニオン」（自動車のユーザーで組織した民間の消費者団体）から訴えられたこともあり、そうしたことも含めて私は伊藤さんと非常に仲が良かったんです。伊藤さんが東京本社社会部にいるころは何かにつけて紙面の上で交通遺児育英会を応援してくれました。

その伊藤さんが細川さんと私の間をとりもってくれたのです。当初、伊藤さんは「玉井さん、間違っても政治家になるなよ」と言っていました。しかし、93年の参院選の時には「細川さんが候補者として出ろと言っているよ」と電話で言ってきたという次第です。その場で断ったということは、先ほど述べた通りです。

山本、藤村両氏が「細川新党」から出馬

次の衆院選の前に、細川さん、伊藤さんと私の3人で密かに会いました。細川さんは「あなたが選挙に出られないのは分かった。代わりに誰かあなたの部下を出してほしい」と言いました。それで私の〝両腕〟とも言える山本孝史、藤村修の両君に出てもらったわけです。2人とも政治にはあまり関心を持っていなかったんですがね。

いずれにしても、伊藤さんは細川さんに信用されていました。いや信用されていたどころか、伊藤さんが選挙に関して指揮を執っているような感じでした。細川さんも、候補者集めも含めて伊藤さんを頼りにしていたようです。

——伊藤さんは劇場型の人間で、細川さんとはものすごく仲良しでした。日本新党の旗揚げでは伊藤さんは裏方を務めました。また新聞記者なのに、山崎拓さんの選挙応援に駆けつけて演説したこともありました。

玉井　確かに伊藤さんは、細川さんとの関係が深まる前、山崎さんの選挙運動もやったらしいですね。山崎さんは早稲田大学を卒業後、ブリヂストンに勤務しましたが、そこを辞めて福岡市の平和台球場でシューマイ屋を開業しました。試合のある日は、空を見上げてはシューマイの売れ行きを心配していたそうです。それを知った伊藤さんは「いい加減、シューマイ屋をやめて政治をやれ」と激励し、1967年の福岡県議選に出馬させ、修猷館高校の卒業仲間と一緒になって応援したそうです。山崎さんは当選し、政治家の道を歩み始めるわけです。ということは、うまく行ったら伊藤さんは細

川、山崎という2人の首相を推し出していたかもしれないということですよ（笑い）。

緒方洪庵の「適塾」を参考に「心塾」を開設

――育英会活動を続けているうちに各地の大学の自動車部の学生たちが作った「交通遺児を励ます会」のメンバーたち、さらに育英会から奨学金をもらった遺児たちの中から人材が次々と輩出されていきましたね。

玉井　私がかつてジャーナリストだったこともあり、朝日や日経などの新聞業界、NHKなどの放送業界に進む若者が多かったですね。

故緒方富雄東大名誉教授とともに、直筆の「心塾」の表札の前に立つ

私は1978年に東京・日野市に奨学生向けの学生寮「心《こころ》塾」（定員200人）を建設しました。これは育英会の常任理事だった緒方富雄東大名誉教授[12]の勧めによるものでした。緒方さんは蘭学者・緒方洪庵の曾孫で、かねがね私に「多額のおカネを全国の交通遺児に配るのもいいが、小さな塾を作って、人づくりをしたらどうか」と言っていました。そこで洪庵の蘭学塾「適塾」を参考にして心塾を作ったわけです。塾創立の基本目的は人づくりの場を持つことと、貧困家庭の子供が東京の私立大学に進学できる拠点を持つこと――でした。塾では「読み、書き、ソロバン」ではなく「読み、書き、スピーチ」をモットーにして朝日新聞や毎日新聞の記者、N

ＨＫのアナウンサーらを講師に招いて教育してもらいました。ここからも多くの人材が育っていきました。

12 （１９０１〜１９８９）大阪府生まれ。東大医学部教授を経て、１９６２年に名誉教授に。医学博士で、日本を代表する血清学者だった。血清研究の他に病理学、蘭学、社会事業などの分野でも活躍した。著書に『緒方系譜考』、『緒方洪庵傳』（岩波書店）など多数。

災害・病気遺児の支援運動

――１９６９年5月に発足した財団法人・交通遺児育英会はその後、いわゆる「あしながおじさん」からの寄付金が増えるなど財政的にも安定していったようですね。交通遺児に対する奨学金の貸与事業も順調だったと聞いています。

しかし、発足から25年が過ぎた１９９４年3月31日、同育英会の第9期理事会が開かれた際、玉井さんは次期理事長の選任に抗議する形で、それまでに務めていた専務理事・常勤役員・事務局長を辞任してしまいましたね。育英会のこの内紛については、後に「官僚ＯＢたちによる育英会の乗っ取りだった」と指摘されることになるわけですが、いったい何があったのでしょうか。

減り始めた交通事故

玉井　私は交通遺児の支援運動を続ける一方、１９８０年代前半から災害遺児の支援運動にも取り組み始めました。この当時、育英会の正味財産は着実に増えていったんですが、交通遺児の奨学生は減りつつあったんです。それは、交通事故による成人男女の死者数の減少、少子化傾向の進行、自動車事故賠償責任保険の死亡支払限度額の引き上げなどによるものでした。

そこで私は、奨学金を貸与する範囲を交通遺児に限定するのではなく、災害遺児や病気遺児などにも広げよう、それこそが遺児救済運動の発展につながると考えました。

――時代は大きく変わりつつある、との認識があったわけですか。

玉井　そうです。先ほども言ったように、交通事故による死者数は１９７０年をピークに減っていったんです。逆に交通遺児育英制度は非常な勢いで安定していきました。私の母が交通事故で亡くなったころの自賠責の死亡保険金は50万円でした。しかし、私たちが「交通遺児と母親の全国大会」などを通じて政策要求した結果、３０００万円にまで上がっていきました。どうして、そんなに上がったかというと、その方が保険会社は儲かるからですよ。利害が一致したわけです。

――交通遺児だけを対象にしていたら壁にぶつかると考えた？

玉井　そう。私たちの運動自体が萎んでしまうと思いました。だからすべての遺児に広げたいと考えたわけです。ちょうど自然災害や労働災害が各地で起きている時期でした。北海道の夕張炭鉱事故、秋田県の日本海中部地震、島根県の集中豪雨、長崎県の大水害、福岡県の三井三池有明炭鉱火災などです。自然災害は、頻発する割には死者の数は多くありません。しかし、炭鉱や化学工場などで起きた災害では亡くなる人が多かったですね[13]。

13　交通遺児育英会が災害や病気遺児など全遺児に取り組むきっかけになったのは、１９８２年にスタートした「恩返し運動」だった。これは、高校奨学生や大学奨学生たちが、寄付してくれた「あしながおじさん」たちに恩返ししようとして始めたものだ。

というのは「あしながおじさん」は匿名の存在であるため、直接には恩返しはできない。そこで「恩は社会から与えられたもの」と学生たちは考えた。そして具体的には献血や災害時の支援金募金、災害遺児や病気遺児のための育英資金の募金などを全国規模で展開した。

83年11月には、最初の試みとして熊本市で災害遺児育英募金活動を実施した。熊本という地方都市を選んだのは、従来の交通遺児育英募金活動が大都市圏に偏っていたことを反省してのことだった。この当時の熊本県知事は細川護熙氏だった。玉井氏が朝日新聞編集委員（当時）の伊藤正孝氏に相談。伊藤氏は、朝日新聞鹿児島支局時代からの同僚で、親しくつき合っていた細川知事を紹介した。募金活動は、高校生を中心にして熊本市内3カ所で行われ、細川知事も街頭に立った。

こうした活動を続けた後、玉井氏は84年9月に奨学生たちを中心とした「災害遺児の高校進学をすすめる会」を結成。さらにその後、「病気遺児の高校進学を支援する会」も結成した。最終的にこれらが93年4月のその後の「あしなが育英会」の誕生につながっていく――。

中曽根、竹下両首相は賛意を示した

――災害遺児に対する募金活動を続ける一方で、玉井さんは政府や与野党に対して国庫からの財政支援を含む災害遺児育英制度の設立を訴えていきましたね。

玉井　そうです。1986年2月、中曽根康弘首相（当時）は衆院予算委員会で、矢野絢也公明党書記長（同）の質問に答えて、同制度の設立について「文部省に検討させ、関係省庁とよく相談させる」と述べました。さらに竹下登自民党幹事長（同。故人）も同年12月、「第14回交通遺児と母親の全国大会」での挨拶の中で「同制度の確立に向かって、文部省をはじめとする関係各省庁の協議を促進させる」と言ってくれました。「災害遺児制度を作ることぐらい何とかなるだろう」という認識が、当時の政治家たちにはあったということです。

その後、竹下氏は87年11月に首相になるわけですが、消費税導入法案を成立させる必要性があったことから、野党の同制度に関する予算要求に関して「災害遺児制度は何とかする。私にまかせてほしい」と明言したほどでした。小渕恵三官房長官（同。故人）も「何とかする」と言っていました。ところが大蔵省（現財務省）はバーンと蹴ってしまい、88年度予算案に同制度の設立費が計上されることはありませんでした。

――首相が「やる」と言ったにもかかわらず、ですか。

玉井　竹下さんは蔵相をやった人でした。それでも蹴られたわけです。どうしてかというと、災害遺児支援を国でやるとなると、一般財源から原資を出さなければなりません。大蔵省は「それをやると、すべての遺児に広がってしまう。そうなればとんでもない金額になってしまう」と警戒したわけです。考えてみれば、大蔵省が蹴るのは当たり前のことです。しかし、勉強をしていない政治家たちは「できる」と思ったわけですよ。竹下さんも、そのへんは分かっていなかったのではないでしょうか。

橋本龍太郎氏が示した船舶振興会の活用案

――その時点で、国による災害遺児育英制度の創設案はつぶれてしまったわけですか。

玉井　いいえ。88年4月になっても竹下さんは「災害遺児育英制度を発足させ、4月1日にさかのぼって実施する」などと言っていました。この問題で与野党の専門家会議も続いていました。しかし、大蔵省に加え、文部省（現文部科学省）からの巻き返しも入り、前に進まないという状況が続きました。困りはてた竹下さんは、当時、自民党幹事長代理を務めていた橋本龍太郎氏（後に首相。故人）を財団法人・日本船舶振興会[14]の笹川良一会長（当時。故人）のところに走らせました。同年9月、橋本氏は与野党専門家会議の席に初めて出席し、「日本船舶振興会が新しく災害遺児制度を創設する。制度の内容は振興会に一任する。この制度は交通遺児育英会とは切り離して実施する」という案を示しました。要するに「笹川平和財団がカネを出して独自にやる」というわけです。

当時、笹川さんはノーベル平和賞を欲しがり、必死になってそれを追いかけていました。そのためでしょう。この問題を担当した理事は海外担当の理事でした。

14 1962年に設立され、笹川氏は初代会長。競艇の収益金をもとに海洋船舶関連事業の支援や公益・福祉事業、国際協力事業を行ってきた。86年に財団法人・笹川平和財団を設立。笹川氏は95年に死去。第2代会長には作家の曽野綾子氏が就任。現在の第3代会長は、笹川氏の長男・陽平氏。2011年4月、公益財団法人・日本財団に名称を変更した。

災害遺児育英制度の創設については30億~50億円規模の財源を持つ財団を作る構想だったと言われている。

橋本氏の案を拒否、大喧嘩に発展

――玉井さんはそれを受け入れなかった?

玉井 そうです。当時、私は災害遺児問題を自分たちの運動で解決し、次に病気遺児などを一つひとつ解決していこうと思っていました。しかし、災害遺児支援事業を船舶振興会に取られてしまえば、私たちの運動は寸断・分断されてしまいます。ですから受け入れることはできませんでした。橋本さんの案を拒否したところ、大喧嘩になっていきました。

奨学生の中には「ギャンブルの上《あ》がりだけで奨学金をまかなうというのでは奨学生がかわいそうだ」という思いが強くあり、89年春の奨学生募集の折には「ボクらは笹川さんよりあしながおじさんに応援してほしい」という文面のビラが街頭で撒かれたりしました。
最終的に船舶振興会は引かざるを得なくなりました。橋本さんは「恥をかかされた」とカンカンに怒り、「ビラ配りなどすべては玉井がやらせているんだから、玉井を代えさせろ」と総務庁（前総理府）の担当者に言ったそうです。このことは文書で残っています。[15] その後は、脅迫やいやがらせ電話が相次ぎました。「玉井をつぶせ」というわけです。

——そういう経緯をたどった後、冒頭で言及した第9期理事会（1994年3月31日）での専務理事辞任に向かっていくわけですね。

玉井　ええ。

15　問題の文書は総務庁の内部文書「育英会理事の改選の経緯」というもの。一連の騒ぎからほぼ10年後の98年7月24日付の「週刊金曜日」が、その内容を報じた。記事の見出しは「総務庁に乗っ取られた交通遺児育英会の再生の道を探る」。それによると、文書の中に次のような一節があった。
「平成3年（1991年）3月6日、内閣官房内政審議室の公文室長から総務庁交通安全対策室長に電話があった。電話の内容は『公文室長が橋本大蔵大臣に呼ばれたので行ってみると、橋本氏は手紙（怪文書）を見ながら〝これでは生ぬるい。玉井を代えるべきだ〟と言った』というものだった」

育英会の理事会で噴出した背任批判

——90年代に入ると、財団法人・交通遺児育英会（当時。現在は公益財団法人）の中で玉井さんへの攻撃が始まり、その結果として玉井さんは同育英会の専務理事・常勤役員、事務局長を辞任に至るわけですね。

玉井　1993年後半ぐらいから育英会の理事会で、私が取り組んできた災害および病気遺児育英制度の創設問題に関して、理事たちから批判や非難の声が出るようになりました。

その内容は「交通遺児育英会の資金を使って全国交通遺児育英学生募金を行ったのに、玉井は87年から募金の半分を『災害遺児の高校進学をすすめる会』に贈るなどした。これは育英会の寄付行為（定款）に違反しており、育英会に損害を及ぼす行為であり、背任の容疑が濃厚だ」といったものでした。私は、いずれは交通遺児と災害遺児・病気遺児とを合体して取り組もうと考えていたこともあり、「集まったカネをどこにどれほど寄付するかは同募金事務局が決定するものだ。背任行為になるはずがない」などと反論しました。すでに理事会で募金額の配分先について賛同を取り付けていたからです。

そう言う理事たちは、所管官庁の総務庁や文部省（いずれも当時）の官僚が書いたシナリオに沿って、いろんな文書を次々と読み上げていき、それを議事録に全部載せました。私がいかに悪者であるかを印象づける狙いだったのです。かつては私の仲間だった理事たちも向こう側に寝返っていきました。官僚たちの芸の細やかさに感心したものです[16]。そのなかでも理事だった久木義雄氏や阪本みゆき氏らの裏切り行為は許せないものでした。また私の辞任後に、理事から専務理事に昇格した穴吹俊士氏（高松市議、高松交通遺児を励ます会会長）は、育英会を官僚主導の運営に変え、私が作った理念を骨抜きにしていきました。

16　この当時の理事会への出席理事の数は玉井氏を入れて計9人だった。その中から「反玉井」の動きが表面化したわけだが、反玉井派の動きや主張について『あしなが運動と玉井義臣――歴史社会学的考察』（岩波書店）の著者である社会学者の副田義也氏は①理事9人のうち7人が反玉井派を形成して、玉井氏を背任容疑で追及、非難した②7人は交通遺児育英会が災害遺児育英制度に取り組むのに絶対反対だった③それは総務庁交通安全対策室の意向であり、その背後に橋本龍太郎氏（蔵相や通産相を歴任し、後に首相。故人）の強い指示があった——などと記述している。

育英会の乗っ取りを図った官僚OB

——そして94年3月31日の第9期理事会の当日に至るわけですね。

玉井　この当時、理事長ポストは空席でした。それまで理事長を務めていた石井栄三さん[17]（元警察庁長官）がこの年の1月に病死されたからです。私は当分、空席にしておくつもりでしたが、この日、事前に何の予告もないまま、次期理事長選出の議案に入り、互選で多数派の筆頭だった宮崎清文さん[18]を選出してしまったんです。

その直後、私はこれに抗議して「辞めます」と言って、専務理事の辞任を申し出ました。

——辞めなくてもよかったのでは？

玉井　どうだったでしょうか。朝日新聞の福島申二記者（現論説委員、「天声人語」担当）からも「ちょっと早過ぎないか」という忠告がありました。しかし、宮崎理事長のもとで、さらに1期か2期、専務理事を務めても、結局は真綿で首を絞められるようにして辞任に追い込まれていたでしょう。ですから先手を取って辞任したんです。

当時は、夜間に変な電話がかかってきたりしましてね。精神的にもおかしくなりますよ。

17　（1907〜1994年）東大を卒業後、内務省に入る。戦後は旧警視庁警務部長などを歴任。1955年から3年間、警察庁長官を務めた。退官後の1969年に交通遺児育英会の初代理事長に就任した。

18　1920年生まれ。東大を卒業後、内務省に入る。海軍主計大尉などを経て戦後は警察庁交通企画課長、交通局長などを経て、1972年の第2次田中角栄内閣で総理府総務副長官（事務）に就任。退任後、日本交通福祉協会会長などを経て交通遺児育英会の2代目理事長に就任。交通遺児育英会の発足時、玉井氏の相談相手になったこともあった。玉井氏は宮崎氏について「道交法関係の法規は全部自分が作ったと言っていました。神経質な人でした」と評している。

始まった玉井氏、山本氏、藤村氏つぶしの〝企て〟

――この件について玉井さんは「あしなが育英会」発行の機関誌に「あしながさんや学生の街頭募金で集めた資金と、9000平方メートルの敷地に建つ心塾《こころ》を奪われたことは正直、口惜しい」と書いていますね。

玉井　私が辞任して交通遺児育英会からいなくなったわけですから、乗っ取られたのと同じでしょう。宮崎さんが送りこまれ、追い出されたわけですから。彼らは「乗っ取りではない。玉井の方から辞めて行っただけだ」と言っているようですが、極限まで追い詰めて、辞任せざるを得ないようにしたのは間違いないところですよ。だから私も「辞めるんならこの時だ」と決心したんです。

――玉井さんが辞任した後の94年10月に「サンデー毎日」が「告発スクープ・街頭募金はどこに流れたのか」と題して玉井さんや山本孝史さん、藤村修さんを批判する記事を3回連続して掲載しましたね。[19]

玉井　玉井をつぶし、衆院選で当選し、代議士になったばかりの山本、藤村両君をつぶし、さらに学生募金活動をつぶそうとしたとしか思えない内容でした。毎日新聞社の偉い人が橋本龍太郎さんに言われてやったんではないですか。3回もトップページで連載するというのは週刊誌史上なかったのではないでしょうか。

記事を書いたのは毎日新聞大阪本社出身で、大阪や神戸の組関係に強く、やり手の広野伊佐美記者でした。以前から親しくしていた同社の論説委員の鳥井守幸氏も心配して、「玉井さん。『サンデー毎日』の編集長と話し合った方がいいよ」と忠告してくれましたが、私は「編集長と話してすむ話ではないよ。僕をつぶそうとしているのだから」と聞き流しました。まったくひどい話でした。

私は、その4年前の90年1月に朝日新聞社から「朝日社会福祉賞」をもらっていました。「サンデー毎日」の記事が出た後、朝日新聞社は改めて私や交通遺児育英会について調べたそうです。その結果については、朝日新聞社の友人・富岡隆夫記者が「重役会で玉井さんはシロということになったよ」と伝えてくれました。朝日新聞は知っていたんですよ。「問題なし」と。

19 「サンデー毎日」の記事は同年11月6日、13日、20日号に掲載された。各号の見出しは「交通遺児『街頭募金』を吸い上げる『善人』たち」「交通遺児育英会ぐるみで当選した代議士たち」「前専務理事を刑事告発　背任横領で」だった。玉井氏ら3人はただちに名誉棄損で毎日新聞社などを提訴し、2000年2月、同社の広野記者が証人として証言台に立つ寸前に、玉井氏らの名誉が保証される形で和解が成立した。

交通遺児育英会を辞め、あしなが育英会へ

――交通遺児育英会を辞めた後、あしなが育英会に移ったわけですね。

玉井　そうです。この時点から1年前の93年4月に、それまでの「災害遺児の高校進学をすすめる会」と「病気遺児の高校進学を支援する会」とが合併し、あしなが育英会が作られていました。あしなが育英会は交通遺児育英会と違って、純粋な民間団体です。

私は、それに乗り移り、94年4月1日付であしなが育英会の副会長になりました。会長は武田豊・新日鉄会長（故人）でした。その後、98年4月には会長になり、爾来《じらい》、一貫して同会を引っ張っていくことになるわけです。

——そして1995年1月17日、阪神・淡路大震災が起き、そこであしなが育英会は獅子奮迅の活動を展開するわけですね。

玉井　そうです。うちの学生たちが大活躍しました。

大震災発生の第1報を聞いた時、最初に考えたことは「被災地に住んでいる遺児奨学生たちや、あしながさんたちは無事だろうか。被災した人はどれだけいるのだろうか」ということでした。その確認のために同月21日、あしなが育英会の職員2人を派遣し、さらに2月15日から震災遺児を探すローラー調査を始めました。

最初は被災地のすべての学校を訪ねて遺児のリストづくりを要請したんですが、多くの学校はプライバシーの保護を理由に拒否しました。しかたなく新聞各紙に掲載された死亡者名簿から20歳以上59歳以下の男女の名簿を作り、「この人たちの遺児が必ずいるはずだ」と一軒一軒回り、573人の遺児を見つけました。1人の遺児を探すのに避難先などを5度回ったケースもありました。こうした作業を進めたのは育英会の職員や全国各地から集まってきた遺児奨学生たち、さらに一般学生やボランティアたちでした。それは大変なエネルギーでした。

そして私たちは高校生や大学生への奨学金貸与にとどめるのではなく、学齢未満児を含む全遺児に激励金を贈ることにし、そのための募金活動を全国で展開しました。2月18日からの2日間でなんと1億1000万円も集まりました。

その後、「震災遺児を励ますつどい」を有馬温泉で開いたりしましたが、そうした活動や体験を通じ、震災遺児を支援するうえで最も重要なことは「心のケア」つまり心の傷を癒してあげることだと気付きました。神戸市内の喫茶店跡に常駐していた育英会の職員たちからも「遺児たちからの『心のSOS』に応えることができるデイケア・センターを作りたい」「遺児たちがいつ来ても安心できる駆け込み寺があるといい」との声が出てきました。

——そうした声を受けて造ったのが、1999年1月に神戸市東灘区に完成した「虹の家（レインボーハウス）」だったわけですね。

玉井　そうです。

「虹の家」を建設

——「虹の家（レインボーハウス）」は米国オレゴン州ポートランドの「ダギー・センター」[20]をモデルにしたそうですね。

玉井　そうです。建設資金もすぐに集まり、レインボーハウスの第1号となりました。

20　1982年にヘベリー・チャペル夫人が創設した非営利、無宗派の民間施設。「ダギー」は脳腫瘍のため13歳で亡くなったダグ・トゥルノ君の愛称。同センターでは、親と死別した子供たちの心のデイケアを行っている。玉井氏は同センターの活動内容を新聞報道とテレビ番組で知り、実際にセンターを視察したり、あしなが育英会の職員を研修のために派遣したりした。

そして95年10月からレインボーハウス建設のための「虹の1000円レンガ（レンガ1個分）募金」の募集を開始。遺児奨学生による緊急募金活動や有名芸能人による建設支援コンサートなどを開催して約15億円を集めた。99年1月にオープン。開設当初は震災遺児やその家族が年間約2500人、「ファシリテーター」と呼ばれる心のケアのボランティアが約500人集まった。

両陛下のご訪問で名誉が回復された

——そうした活動が評価され、2000年5月に第54回神戸新聞平和賞を受賞。さらに2001年4月24日には天皇・皇后両陛下がレインボーハウスを訪問されたそうですね。

玉井　両陛下は阪神・淡路大震災の復興状況を視察されるために兵庫県を訪問されたんですが、その際、レインボーハウスに来てくださいました。両陛下は遺児や保護者たち一人ひとりに声をかけ、励ましてくださいました。予定の時間を10分以上も延長され、お帰りの際、皇后陛下は私に「今日は胸がいっぱいになって、言葉がうまく出なくてごめんなさい。これからも子供たちのことをよろしくお願いします」と、ねぎらいの言葉をかけてくださいました。

両陛下のご訪問の翌日から「撃ち方、止め」という状態になりました。私に対する批判や攻撃がピタッと止まったんです。

——玉井さんの名誉が回復されたということですか。

玉井　「天皇家にはこれほどの力があるのか」と思いましたね。

——天皇家のお墨付きを得た？

玉井　両陛下が訪問してくださったということは、私に悪事がなかったということでしょう。私を批判・攻撃した人たちは、根拠もないのに私が悪事を働いていると勝手に書き、私を追い出し、交通遺児育英会を乗っ取ったわけですよ。

——それは阪神・淡路大震災での遺児支援活動を天皇家が認めたということであり、それにより玉井さんは復権できたということですか。

玉井　そうです。認めてくださったということであり、完全に名誉回復ができたということです。

〔左〕朝日社会福祉賞贈呈式での玉井義臣会長（2004年2月13日）。
〔右〕朝日社会福祉賞トロフィー

――このころ玉井さんはレインボーハウスで「遺児の国際的連帯のための交流会」を開くなど活動の幅を広げていくわけですが、そういう中で２００４年に2回目の「朝日社会福祉賞」を受けたわけですね。

玉井　そうです。2回目の朝日社会福祉賞については、朝日新聞社内で「2度も出すのはどうか」と議論があったと聞いています。結局は「前回は玉井義臣個人に出した。今回はそうではなく、あしなが育英会に出そう」ということになったそうです。

――その後、２０１１年3月11日に起きた東日本大震災でも津波遺児たちへの支援活動を展開しましたね。これは次の章で詳しくうかがいましょう。

（聞き手　仮野忠男・今西光男）

第3章

東日本大震災発生 津波遺児のために集まった85億円
——世界が称賛したスピードと機動力

２０１１年3月、未曾有の大地震と大津波が東北地方の太平洋岸を襲った。誰もが自然の猛威を目のあたりにして立ちすくみそうになった。しかし、玉井氏は敢然と立ちあがった。全津波遺児を支援しようと——。3・11以降の活動ぶりを追う。と同時に玉井氏の視点は、遺児を含む被災者の心のケアへと移っている。玉井氏が自らのすべてを懸ける〝ファンドレイジング魂〟に終わりはない。

その日はウガンダの首都カンパラにいた

——２０１１年3月11日午後2時46分ごろ、観測史上最大のマグニチュード9・０の巨大地震が日本列島を襲いました。そして30～40分後には北海道から千葉県に至る列島各地に大津波が来襲しました。東日本大震災です。あしなが育英会は津波遺児への支援活動を迅速かつ大規模に展開しましたね。

玉井　その点をお話しする前に、まずは2万人近くにも及んだ死者・行方不明者のご遺族の方々に謹んで哀悼の意を表したいと思います。第1章でも触れたように東日本大震災が起きた日、私はアフリカ・ウガンダの首都カンパラにいました。出張のためカンパラに着いたばかりだったんです。ホテルに入り、荷を解き、CNNやBBC、CCTVなどのテレビをつけたところ、経済市況を流していた画面が、急に東日本を襲った大津波の映像に変わりました。黒い波に流され、翻弄される住宅や自動車……。相当高いビルも倒壊したり、壁にスッポリ丸い穴が開いたりしていました。堤防も水をせきとめられず用をなしていません。

痛ましいのは、引き潮の時、人と思われる〝物体〟がテレビ画面に映し出されたことです。テレビ画面は、思わず目を覆うような残酷なシーンもノーカットでした。

家族も親戚も友達も、そして多くの人の想い出のよすがであるアルバムも海の彼方に押し流されていきました。辛い、恐ろしい、悲しい、空しい黒い光景でした。多数の被災者と多くの津波遺児が出ることが予想されました。思わず私は被災者のために祈っていました。

そこへ東京のあしなが育英会本部の吉田和彦事務局長から電話が入りました。「副会長や常勤理事らと対策を議論しましたが、会長がいないと結論が出せません。いちばん早い便で帰国してほしい」というものでした。カンパラ近郊にあるレインボーハウスに立ち寄る予定でしたが、とてもその時間はありません。トンボ返りするしかないと覚悟しました。

重要なのは着の身着のままの被災者を支援することだ

――翌日、帰国の途についたわけですね。

玉井　そうです。日本に向かういちばん早い飛行機は12日午後4時15分発のエミレーツ航空しかありませんでした。途中、エチオピアとドバイで止まり、成田空港着は13日午後5時半です。時差を抜くと所要時間は20時間ぐらいになります。大変な長丁場です。

一晩寝て、機中の人になりました。座席ではメモを片手にさまざまな思いをはせました。どうすればいいのかと。しかし、日本の新聞もテレビ報道もない状態です。事態がどう進行しているのかまったくわかりません。それでも問題点を整理しつつ一睡もせずに考え続けました。対策のポイントは、着の身着のままで、ほとんど無一物の状態になった被災者にどう手を差し伸べるかだと想定しました。

帰国後に知ったことですが、東京のあしなが育英会では3月13日午前中にも4副会長（下村博文、村山武彦、村田治、藤村修）と小倉良弘弁護士、育英会から事務局長の吉田、監事の山北洋二、理事の林田吉司が参加して緊急支援対策について議論したそうです。しかし、私が不在だったため、具体的な対策をまとめるまでに至らなかったということでした。

遺児1人当たり200万円の一時金を給付

13日午後5時35分、成田空港に到着し、ただちに育英会に向かいました。すぐに副会長会議の結果について説明を受け、私は以下のように断を下しました。

「被害者は〝着の身着のまま〟だということが救済のポイントだ。そのことを考えた場合、①奨学金ではなく、何に使ってもいい「使途自由」の支援金とすべきだ、②それも「貸与」ではなく、育英会初めての「返済不要」の給付にしたい、③対象は、ゼロ歳児から大学院生までの全遺児とする」

私は、ただちに全副会長にこの構想を電話で説明し、承認を得ました。「1000年に一度あるかないかという大地震と大津波だ。これぐらい思い切った対応が必要だ」と考えた結果でした。こうして3・11から2日後に、日本でいちばん早く、いや世界でいちばん早く生活特別一時金の給付が誕生したわけです。

16日と20日の2回にわたって記者発表し「ヨーイ・ドン」とばかりにスタートさせました。この時に発表した給付金額は、ゼロ歳児から未就学児童は10万円▽小、中学生は20万円▽高校生は30万円▽専門学校生、大学生は40万円——というものでした。世間はそのスピード決定に驚きつつ拍手してくれました。あしなが育英会は、中央省庁の管理や監督を受けない任意団体です。だからできたことです。国や地方公共団体ではその仕組み上、こんなに早く決定はできなかったと思います。ちなみに給付額については、最終的にゼロ歳児から大学院生まで一律1人当たり200万円に変更しました。同年12月26日のことです。遺児の数、義援金の集まり具合などを勘案して最終決定したわけです。

被災地で活躍した5班の「お知らせ隊」

——2回の記者発表を終えた後、すぐに被災地での調査に着手したそうですね。

玉井　次の重要な課題は、被災地に新制度を知らせ、遺児を探すことでした。津波の爪跡は大きく、阪神・淡路大震災の時のように被災者宅を一軒一軒回るローラー調査は不可能でした。

そこで3月23日から28日まで、あしなが育英会の林田吉司理事や職員が現地に入って被災状況を調査しました。続いて4月12日からは、これに遺児学生も加わり、5台の車に分乗して被災地に向かい、5班に分かれて3日間、避難所や役場、公民館などを回り、生活特別一時金制度を知らせるキャンペーンを展開しました。学生の足を自動車に変えたローラー調査と言っていいでしょう。

私たちは、この部隊を「お知らせ隊」と呼んだのですが、各隊は道なき道を進む難行苦行だったそうです。それでも各地にいる大学奨学生たちがすぐに集まり、手伝ってくれました。決めたことにすぐに着手し、実施する。これが、あしなが育英会が注目され、拍手された「スピード決定」に次ぐ「機動力」と言っていいでしょう。

その時点で遺児の数は、２０００人ぐらいだろうと推定していました。阪神・淡路大震災の時の遺児数は５７３人でしたから4倍近くになるだろうと見ていました。

同時に全国で募金活動を始めました。当初は「6億円ぐらい育英会の持ち出しになるかな」と思っていました。しかし、日本国民だけでなく海外から多くの「あしながさん」が善意の義援金を送ってくださいました。その総計は約85億円にも達しました。おかげで生活特別一時金給付の目途がつき、先ほどお話ししたように最終的に１人当たり２００万円給付と決めたわけです。

他の大きな慈善団体に寄付しても、いつ、どこで、どう使われるかはわからないものです。その点、あしなが育英会は阪神・淡路大震災以来、遺児を探し当てるノウハウを持っています。生活特別一時金も、その週の木曜日までに申込書が届けば、翌週の月曜日には銀行経由で送金することが可能です、この速さが信用をさらに増し、それがまた「あしながさん」の背中を押すという相乗効果から、予想をはるかに超える義援金が集まったということができると思います。

これらの作業にかかった人件費は職員がボランティアで、送金関係の費用はすべてあしなが育英会から出しました。ですから超クリーンな会計だということです。募金は２０１２年末まで続ける計画です。

――２０１１年4月11日には仙台市に東北事務所を開設したそうですね。

玉井　そうです。林田理事に所長になってもらい、彼は単身赴任、ホテル住まいです。現在の職員数は10人ですが、津波遺児や被災者の心のケアについては難行苦行の連続のようです。

彼らは、公共施設や学校などを借りて、ファシリテーター（心のケアのボランティア）を養成するため、「ワンデイ・プログラム」や「ツーデイ・プログラム」を始め、現在も続けています。遺児や保護者には大変歓迎されているということです。

──同年10月からは社会学者の副田義也氏（筑波大学名誉教授）が遺児家庭の実情調査を始めたとか？

東日本大震災募金に参加した堀田力氏（右から３人目）と紺野美沙子さん（右から５人目）（2011年３月26日）

玉井　副田さんは1972年から交通遺児、さらには災害遺児などの実態、特に進学と家計、母子家庭の健康、学力、進学阻止要因などについて調査を毎年1、2回のペースで続けてきた人です。大概の問題は調査し終えたと思っていたところ、東日本大震災が起きました。津波で家や人が流され、多くの行方不明者が出ました。これまでの調査とは条件がまったく違い、多くの困難が壁となって立ちはだかりました。

しかし、副田さんは「遺児調査の集大成」のつもりで調査に着手しました。調査には副田さんの門下生である藤村正之上智大学教授、副田あけみ関東学院大学教授（前東京都立大学教授）、樽川興子筑波大学准教授らが参加。かつてない強力な布陣を敷いての大プロジェクトを展開中です。

副田さんは「今回の調査には新しい局面が多い。具体的には、①死別体験が即遺体さがしという痛ましい状況にあった、②災害の発生場所が３県にまたがるなど広域である、③被災者の生活再建の前提として、地域社会の再建が要請されている」などと言っています。

調査はようやく緒についたところです。結果が出るまで10年ぐらいかかるかもしれません。しかし、世界に例を見ない貴重な結果が出るのではと期待しているところです。

ニューヨークのタイムズスクエアで街頭募金

――この間、２０１１年６月15日には米国ニューヨークで津波遺児たちが街頭募金をしましたね。

玉井　ニューヨークでは内外のメディア80社の記者を前に会見を行いました。そしてタイムズスクエア前で津波遺児とニューヨークでの９・11テロ遺児が一緒になって街頭募金を行いました。このテロ遺児は、かつて日本で開催した「国際的な遺児の連帯をすすめる交流会」に参加してくれた学生たちです。

35度の暑さの中で津波遺児５人、テロ遺児１人、ハリケーン遺児１人が参加し、海野佑介学生募金事務局長、櫻井洋子Ｐウオーク実行委員長と一緒に私も声をはりあげました。道往くニューヨーカーは陽気でやさしく募金に応じてくれました。約45年前、交通遺児を励ます会の岡嶋信治さんらとともに東京数寄屋橋と池袋駅東口で旗揚げ募金をした時のことを想い出し、感無量でした。

日本の新聞は、これを日本国内に向けて配信し、大きく取り上げてくれました。「ニュースの巨人」と言われるCNNも何回も世界に配信し続けました。その後、ABCが追っかけ取材に加わり、英国のBBCも、過去60年間続いている人気番組「PANORAMA」用に取材してくれました。日本の小さなNPOであるあしなが育英会が「世界のASHINAGA」になった瞬間と言って過言ではありませんでした。

外国からの寄付も増えました。世界最大の教科書会社で辞書でも有名な「ピアソン社」は、英国のフィナンシャル・タイムズ紙に半ページを使って「ASHINAGA」の広告を出してくれました。

2011年9月、中国・大連で開催された夏季ダボス会議（ユース部門）に津波遺児が招待され、10月には米国ワシントンで開催された日米有識者会議にも招待されました。世界で「ASHINAGA運動」を評価する声が高まっているということです。これもニューヨーク効果だと思っています。

——2012年2月下旬から3月にかけて女優の紺野美沙子さんが主宰している「朗読座」の皆さんが岩手県陸前高田、宮城県石巻、福島県会津若松の3都市で、朗読と映像音楽を一体にした「さがりばな」（横塚眞己人作）を公演したそうですね。

Los Angeles Times
To the Japanese orphans' rescue
Argentina's leader starts 2nd term, praises recovery

玉井義臣会長を全面で紹介するロサンゼルス・タイムズ（2011年12月11日付）

玉井　紺野さんから「東北3県の被災者を励ましたい」という提案を受け、あしなが育英会もソフトバンクと一緒に後援しました。「さがりばな」とは沖縄県・

西表島で一夜だけ花を咲かせる植物です。花は夜明けとともに落ちてしまいます。

舞台の前半は、紺野さんが軽い笑いをとり、被災者を元気づけ、ポケモンのぬいぐるみが子供たちを喜ばせました。後半は朗読とともに中村由利子さんのピアノ演奏。「皆つながって生きている」という思いが静かに広がっていきました。

公演後、紺野さんは「命のつながりを表現でき、被災者に喜んでもらえてよかった。来年も続けたい」と言っていました。子供たちも「お家《うち》流されちゃった。でもねピカチューが来てくれて嬉しかった」(3歳女児)などと喜んでくれました。

2063人に約41億円を送金

――東日本大震災で給付した一時金はどれくらいになったのでしょうか。

玉井　集まった義援金約85億円のうち約55億円を一時金に充て、2012年9月現在で2063人の遺児に総額で41億2600万円を送り終えました。残りの約14億円は遺児が成長し、高校や大学に進学する際の一時金として使う考えです。

――政府のカネを一銭も使わず、これだけの募金を集め、送金し終えたというのは凄いことですね。

玉井　募金額では日本赤十字社に負けますが、制度の中身とスピードについては完全に勝ったと思っています。現に中身については国の内外から高い支持を得ましたし、スピードについても「日本一速い、いや世界一速い」と評判になったほどです。それに海外からの寄付が急増しました。役所の場合、見舞金を出すのでも5通ぐらいの文書を提出しなければなりません。しかし、私たちの場合は書類は1通ですみます。学校長が印鑑を押してくれれば、それでOKです。ですから速いわけです。

東北地方3カ所にレインボーハウス建設へ

——次の目標は東北地方の3カ所にレインボーハウスを建設することだそうですね。

玉井　阪神・淡路大震災の時の経験を生かし、遺児の心のケアのために被災地に建設する予定です。集まった義援金約85億円のうち残りの30億円を建設費および維持費に充てる考えです。しかし、全部で35億円ぐらいかかりそうです。まだ5億円足りません。募金を継続しているところです。3カ所の建設候補地にもほぼ目途がつきました。設計を始め、2013年中に完成させます。

2012年8月、震災から1年5カ月が過ぎ、2回目のお盆がやってきました。あしなが育英会東北事務所の林田吉司所長や職員によりますと、彼らはこの夏休み中、石巻市と陸前高田市のレインボーハウス建設準備室の建物やトレーラーハウスを遺児らに開放しました。子供たちはふだん、壁も薄く狭い仮設住宅で息をひそめ生活しています。しかし、準備室に来た子供たちは猛暑にもかかわらず、体を動かし、よく遊んでいるそうです。保護者も話しだしたらとまらず、深い悲しみと無念、憤り、これからの生活への不安を持っています。

今回、日本国内はもちろん海外からもたくさんの義援金が集まりました。世界の人々も、津波遺児の行く末を心配し、見守ってくれています。そうした世界中のあしながさんの気持ちを、レインボーハウスでのケア活動に早く反映させなければならないと考えています。

いちばん根気のいる仕事は、東北人の老若男女を〝癒やしのボランティア〟にするという壮大な計画です。3カ所のレインボーハウスで、きめ細かいファシリテーター養成講座を開きたいと考えています。「1000年に一度」の津波です。100年がかりで東北人をみんな〝癒やし人〟にするという夢を実現したいと思っています。東北地方には、東北伝来のやさしい顔と心があるはずと考えるからです。いずれにしても、こうした新しい道を踏みしめながら世界で2億人いると見られている遺児の救済と共生に向けて、さらに歩を進めようと考えているところです。

――アフリカでの活動も含めて〝玉井ファミリー〟がさらに世界中に広がっていきそうですね。

玉井　１９６９年以来40年間あまりのあしなが運動で集めた寄付金（募金）総額は約９００億円を超え、高校、大学に進学した奨学生の数は９万人いるわけですからね。

交通遺児育英会とあしなが育英会の寄付金の推移は

――最後にうかがいますが、玉井さんが出た後の公益財団法人・交通遺児育英会はどうなっているんでしょうか。

玉井　ここに、あしなが育英会が作成した「公益財団法人・交通遺児育英会とあしなが育英会の年間寄付額の推移」を示した表（95ページ参照）があります。

交通遺児育英会は、１９６９年の設立時から２０１０年までの41年間で総額約４１８億円（千万円単位を四捨五入）を集めたことになります。

一方、１９８７年にスタートしたあしなが育英会の年間寄付金は増加していき、スタートからの23年間で集めた寄付金の総額は約３８９億円です。つまりわずか23年間で交通遺児育英会の41年分とほぼ肩を並べたことになります。表には２０１１年度分は記載されていませんが、交通遺児育英会の同年度の寄付額は推定で3億円ぐらいと思われます。一方であしなが育英会は同年度中に約95億円を集めました。この95億円を加えれば、肩を並べたどころか、私たちの方がかなり多くなるはずです。

――双方のこれまでの推移を見ますと、交通遺児育英会の年間寄付額は１９９４年を境にして減り

公益財団法人・交通遺児育英会とあしなが育英会の年間寄付額の推移

（あしなが育英会作成）

（単位：100万円）

年度	交通遺児育英会	あしなが育英会
1969（昭和44）年	1,111	
1970（昭和45）年	458	
1971（昭和46）年	771	
1972（昭和47）年	577	
1973（昭和48）年	594	
1974（昭和49）年	820	
1975（昭和50）年	590	
1976（昭和51）年	923	
1977（昭和52）年	829	
1978（昭和53）年	563	
1979（昭和54）年	1,675	
1980（昭和55）年	1,369	
1981（昭和56）年	1,365	
1982（昭和57）年	1,880	
1983（昭和58）年	1,827	
1984（昭和59）年	1,709	
1985（昭和60）年	2,179	
1986（昭和61）年	2,200	
1987（昭和62）年	2,250	222
1988（昭和63）年	2,185	331
1989（平成元）年	2,296	558
1990（平成２）年	2,252	463
1991（平成３）年	2,169	810
1992（平成４）年	1,799	1,048
1993（平成５）年	1,412	1,168
1994（平成６）年	526	1,230
1995（平成７）年	480	1,769
1996（平成８）年	416	1,761
1997（平成９）年	359	1,449
1998（平成10）年	309	1,898
1999（平成11）年	293	1,749
2000（平成12）年	195	1,880
2001（平成13）年	305	2,038
2002（平成14）年	347	1,951
2003（平成15）年	783	2,399
2004（平成16）年	234	1,869
2005（平成17）年	227	2,061
2006（平成18）年	200	2,026
2007（平成19）年	477	2,227
2008（平成20）年	165	2,246
2009（平成21）年	374	2,667
2010（平成22）年	293	3,099
合　計	41,786	38,919

注：交通遺児育英会の寄付額には補助金・助成金が含まれている。あしなが育英会にはそれらが含まれていない

始め、ここ数年は2億～4億円止まりです（中央の右の列の太いケイで囲われた部分）。

他方、あしなが育英会は一貫して増え続け、ここ数年は20億～30億円も集めています（右側の網がかかった部分）。どうして交通遺児育英会の年間寄付額はこんなに減ったのでしょうか。

玉井　１９９４年に私が交通遺児育英会の専務理事を辞任したからです。寄付が私たちあしなが育英会の方に移ってきたということですよ。

私が辞めた後、交通遺児育英会は事業を膨らませることもなく「横バイでもいい」という姿勢で静かに仕事をしているのが実態であり、一定の役割を果たし終えたということではないでしょうか。

３５０億円の資産はどこに？

私の推測では、私が交通遺児育英会を辞めた時、３５０億円以上の資産と心塾があったと思います。この資産は、45年前に「交通遺児を励ます会」を立ち上げた岡嶋信治さんや私、さらには全国の大学の自動車部員や交通遺児の学生と一般学生が街頭に立ち、各地のあしながさんから集めた寄付金です。この資産は、埋蔵金として今も残っていると思われますが、交通遺児育英会は実際のところを明らかにしていません。同育英会は、私たちの運動に応える形で政府が設立したものです。そうであれば、政府として、そうした実情を調べ、街頭で募金を呼び掛けた大学生や遺児をはじめ、あしながさんや国民に説明する必要があるのではないでしょうか。

（聞き手　仮野忠男・今西光男）

第4章　私の「玉井義臣論」

玉井義臣とはいったい、何者なのか——。玉井氏を組織の中から、あるいは組織の外からずっと見続けてきた5人に読み解いてもらった。堀田力氏の序章とあわせて玉井氏の実像に迫った。

玉井さんは戦後最大のファンドレイザー

藤村　修
（衆院議員・内閣官房長官）

私が玉井さんに最初に会ったのは1970年春、広島大学のキャンパス内でした。それ以来、40年

以上の交流を続けています。

玉井さんについては、いろいろな人がいろいろなことを言っていますが、共通しているのは、戦後における最大の民間ファンドレイザー（基金の募金係）だということです。財団法人・交通遺児育英会（当時）から現在のあしなが育英会までを通じて、それらを成功に導いたのは玉井さんひとりの力と言っても過言ではありません。それぐらい人の心をつかんできたということです。善意のおカネを集める天才と言ってもいいのではないでしょうか。

私たちを含む玉井さんのチームは、時に〝玉井教〟と呼ばれたこともありました。2009年4月17日付の日本経済新聞の「交遊抄」というコラム欄に玉井さんについて書いたことがあります。見出しは「10年ひと仕事」です。私は、広島大学を卒業後、交通遺児育英会に就職したわけですが、玉井さんはよく「自分の使命と見定めた仕事に打ち込め！」「そして10年間で大仕事をひとつやれ」と言っていました。コラムにはそういうことを書いたわけですが、それはまさに〝玉井教〟の教えのひとつと言っていいですね。

広島大学自動車部に入部

私は1969年4月に広島大学工学部に入学し、すぐに体育会の自動車部に入りました。当時は、第2次反安保闘争が全国の大学に広がっていた時代でした。「中核派の東の拠点は東京大学、西の拠点は広島大学」と言われていた通り、広島大学も学生たちがバリケード封鎖していました。このため入学試験や入学式は学外で行われ、入学式で学長が「半年間、休講します」と宣言したほどでした。

実家は大阪府吹田市で零細企業を営んでいました。実家に自動車があった関係で運転免許も早くに取りました。自動車好きだったんです。

自動車部は本校から歩いて4、5分の工学部キャンパスに避難して、ちゃんと活動していました。自動車部に入るために広島大学を選んだようなものでしたから迷わず、入部しました。この当時、広島大学自動車部は受験雑誌の「螢雪時代」といった本の中で「名門」と紹介されていました。全国の大学の自動車競技大会で何回も優勝していたからです。

自動車部と聞くと、ドライブを楽しむだけのクラブと思われがちですが、そうではありません。全国競技大会では「フィギュア（安全運転）」「ラリー」「整備」の3部門があり、そのために練習したり、街頭のカーブミラーを磨くボランティア活動や献血活動に取り組んだりしました。体育会系の部活ですから規律も厳しかったですね。

部員は自動車好きばかりでしたが、「大学はどうあるべきか」といった議論を展開したり、文明の利器としての自動車の光と影の部分を話し合ったりもしました。それは「開かれた大学を目指すべきだ」「自動車は経済成長の大きな柱として日本経済を引っ張った。その反面、交通事故が多発し、犠牲者は増えるばかりだ」といった具合でした。

「こういう遺児がいることを君たちは知っているか」

そうした中で1970年春、私が2年生の時、玉井さんが大阪のボランティア飯野俊男さんを連れて、大学にやってきました。玉井さんは、交通遺児の作文集「天国にいるおとうさま」を持ち出し、「こういう子がいるのを君たちは知っているか」と切り出しました。そして「交通遺児の問題に関心を持つべきなのは君たち大学の自動車部の学生ではないか。君たちも立ち上がらなければならない」と情と理で説かれました。それで私たちも遺児支援のための募金活動を始めたんです。

この年の秋、全日本学生自動車連盟（本部・東京）が全国的な募金活動を呼び掛け、私たちもそれに参加しました。しかしその後、私たちの中から「募金をして集まったおカネを東京に送るだけでいいのだろうか」「その時だけ何かいいことをしたと思うばかりで十分なのか」「広島県内にも交通遺児がいるのではないか」という意見が出始めました。そこで広島県庁の交通事故対策室に行き、遺児を捜して一軒一軒訪ねて名簿を作り、「広島の交通遺児を励ます会」を結成しました。遺児の数は10人ぐらいでしたが、自動車部のバスを使ってピクニックに連れて行ったり、作文集を作ったりしました。その後、全国組織としての「交通遺児を励ます会」が作られ、東京で開かれたその全国協議会に出席したこともありました。遺児の支援活動は卒業間際まで続けました。

その後、1973年3月に大学を卒業し、「高千穂バローズ」（当時）というコンピューター関係の会社に就職することが内定しました。単位取得の関係で、入社は同年4月ではなく、3カ月遅れの7月ということになりました。6月に入ったある土曜日、東京・半蔵門にあった同社の人事部を訪ね、「7月から出社する」と挨拶しました。同社での用件が終わった後、そこから交通遺児育英会の事務所が距離的に近いことを知り、永田町にあった事務所に立ち寄りました。学生時代、お世話になった玉井さんに「就職が決まりました」と挨拶をしておこうと思ったんです。

玉井さんの意気を感じ交通遺児育英会に就職

ちょうど玉井さんは事務所にいました。夕方からは居酒屋に行き、さらに玉井さんの自宅まで行って夜中まで話し込みました。玉井さんの話は「コンピューターの会社に入るのはやめておけ。そういう仕事は30歳までの人間しか使いものにならない。あとはお払い箱だ」「男と生まれたからには、一生をかけて面白い仕事をするべきだ。そういう仕事のひとつとして交通遺児育英会がある」「人生をでっかく、面白く生きるために何か一緒にやらないか」というものでした。この話に意気を感じ、高千穂バローズへの入社を断りました。玉井さんの人間性やリーダーシップ、魅力に引かれたのです。

この年は、私のほか桜井芳雄さん（秋田大学出身）、山本孝史さん（立命館大学出身）、山北洋二さん（福岡工業大学出身）の4人が新人職員として交通遺児育英会に入りました。全員、学生時代に交通遺児の支援活動に参加した者ばかりでした。このうち山本さんは兄を交通事故で亡くした人でした。

交通遺児育英会は財団法人ですから中央省庁から天下りで来たお年寄りもいました。ペーペーは私たち4人だけで、朝から夜遅くまで働きました。まるで働きバチみたいに。そんな時を過ごしました。

日本とブラジルの青少年交流に尽力

その後、1979年10月に任意団体「日本ブラジル青少年交流協会」[1]が作られた際、玉井さんの指示を受けて、その事務局次長になりました。事務局長は玉井さんでした。事務所は交通遺児育英会が入居していたビルの真向かい、広さ8畳あまりの小さな部屋でした。

1　1970年代前半、交通遺児育英会の専務理事を務めていた玉井氏は、モノ・カネ・速度・能率至上主義に対するアンチテーゼとして「ユックリズム（減速の哲学）」を提唱していた。第1次石油ショックが起きた後の

1974年、玉井氏は石油ショック後の世界を見るため欧米各国を回り、その途上、ブラジルまで足を伸ばした。サンパウロで「日本とブラジルの懸け橋づくりに余生を捧げたい」という熱い思いを持った斉藤広志サンパウロ大学教授（1983年10月死去）と知り合い、意気投合。玉井氏は、当時、同育英会の会長だった永野重雄氏（新日本製鉄会長・日本商工会議所会頭）やガイゼル・ブラジル大統領の協力を得て「日本ブラジル青少年交流協会」を設立した。事業の内容は、日本・ブラジルの相互理解を進めるために、大学生や社会人を相互に派遣し合い、1年間、「働きながら学ぶ」というものだった。

玉井氏によれば、この当時の藤村氏について「事務局次長として〝土方役〟に徹し、走り回ってくれた。その結果、面白い大胆な発想をするいい学生が応募してきた」と評価している。

また玉井氏は、ブラジルでの経験がその後、アフリカのエイズ遺児救済活動に取り組む布石になったという。「一つの大陸が二つに分かれ、うち一つは繁栄し、もう一つはこれから繁栄していくだろう。そのことを勉強する機会になった」と言っている。

この当時、私はすでにブラジルに行ったことがあり、ブラジルに魅せられていました。それで喜んで事務局次長を引き受けたわけです。

どうしてブラジルに行ったかというと、交通遺児育英会は、日本ブラジル青少年交流の前に「海外研修大学」というのをやっていました。この当時の育英会は高校生の遺児に奨学金を貸与する事業が中心でした。大学に進む遺児はまだ少なく、高校卒業後は就職するというケースが一般的でした。

しかし、そうした遺児の中には優秀な高校生がいっぱいいました。そこで交通遺児育英会として「将来、役に立つように世界を見せよう」という企画を作り、高校3年生の時に「海外研修大学」を実施するようになりました。それは優秀な高校生20～30人を全国から選抜し、先進国ではなくブラジル、中国などの開発途上国に連れていくというものでした。

私は、ブラジル担当ということになり、1976年に高校生を引率して初めてブラジルに行きました。そこでブラジル人のおおらかさ、「21世紀には大国になるだろう」と称されていたブラジルの可能性、移民の国としての文化の多様性、日系人の活躍ぶりなどに触れて「いずれはブラジルに移住したい」と、ブラジルに熱中したほどでした。結局、移住はちょっと横において、青少年交流を進めることにしました。協会の初仕事としては、1981年には第1期生（13人）を送り出し、さらに89年には青少年交流協会を、社会的信用度の高い「社団法人・日本ブラジル交流協会」に衣替えしました。

ブラジル移民100周年を機に解散

しかし、この社団法人は2005年に第25期生（48人）を送り出したのを最後に、09年に解散しました。というのは、学生の派遣を重ねているうちに、最初のころの学生と比べてブラジルに対する熱意が低下してきたからです。

当初はブラジルに送り出す前に、玉井さんと私とで1カ月間の事前研修をしていました。しかし、1993年に私が衆院議員になったこともあり、研修もままならなくなってしまいました。応募してくる学生の質も下がっていきました。当初はブラジル側も「非常に真面目な学生を派遣してくれてありがとう」と言ってくれていました。しかし、だんだんいい加減な学生が出てきたりして、ブラジル側に「もう来年は派遣しなくて結構です」と言われたりするようになりました。それで2008年の「日本人のブラジル移住100周年」を機にスパッと解散に踏み切ったわけです。

「25年間やった。ひと区切りがついた」という思いもありました。社団法人を解散した直後、外務省の人間が飛んで来て「これだけの実績があるのにもったいないですよ」と残念がるという場面もありました。それでも第25期生まで総計750人を送り出し、日本とブラジルとの間に、ひとつの人物交流史を作り得たと今でも自負しています。

青少年交流に協力してくれた渡辺美智雄衆院議員

日本とブラジルの関係促進では渡辺美智雄衆院議員[2]（故人）が協力してくれました。渡辺議員は、1970年代後半に農林水産相を務め、ブラジルにおける「緑の開発」と呼ばれた「セラード農業開発[3]」に携わったことがありました。日本政府は、この開発事業にODA（政府開発援助）を供与しましたが、事業開始の式典でスイッチを押したのが渡辺議員でした。それ以降、渡辺議員はブラジルへの関心を持ち続けていました。ですから私は渡辺議員のところに通ったものです。玉井さんから「新聞記者のように渡辺さんの家に朝駆けをかけろ」と言われ、実際にそうしました。私の顔を見た渡辺議員は「今は朝駆けなんてする時代じゃないよ」と言いながらも「お茶でも飲んでいけ」と言って、自分でほうじ茶をいれてくれました。それ以来、話しやすくなったことを覚えています。

その後、2度ほど渡辺議員と一緒にブラジルに行ったこともありました。また89年に「社団法人・日本ブラジル交流協会」を設立した際も渡辺議員が協力してくれました。

2（1923年7月～1995年9月）栃木県大田原市生まれ。1942年に東京商科大学（現一橋大学）を卒業。学徒出陣から復員後、読売新聞記者や行商の会社、税理士事務所開設を経て55年2月、自民党公認で栃木県議に当選。63年の衆院選で初当選。外相、通産相、蔵相などを歴任した後、第1次大平正芳内閣で農林水産相（78年12月～79年11月）を務めた。総理・総裁の椅子を目指したものの72歳の時、すい臓がんのため死去した。ニックネームは「ミッチー」。長男は「みんなの党」代表の渡辺喜美衆院議員。

3 セラードは、ブラジルの首都ブラジリア一帯からアマゾン川にかけた熱帯サバンナ地域を指す。「何も育たない不毛の土地」と言われていた。1974年に田中角栄首相（当時）がブラジル訪問時に開発支援を表明。これを受け79年に農地造成事業が開始された。現在は南半球最大の農業地帯に生まれ変わり、「農学史上20世紀最大の偉業」と評価されている。

日本新党から衆院選に出馬し、初当選

この間の1993年7月に行われた衆院選に細川護煕氏（元首相）が率いる日本新党から初出馬し、当選しました。その経緯を説明しますと、こうでした。

1992年、細川さんは「交通遺児として苦労し、奨学金のおかげで高校・大学に進んだ若者を東京都議選や衆院選に出してほしい」と玉井さんに要請しました。そこで私と山本孝史さんで候補者探しを始めました。都議選は93年6月にありました。遺児OBで学生募金活動をやり、交通遺児育英会の職員になっていた寺山智雄さんに東京・世田谷区から出馬してもらったところ、最年少ながらトップ当選を果たしました。そうしたら細川さんから「衆院選には何人でも出してくれ」と言ってきました。しかし、遺児たちは皆、まだ若い人ばかりです。特に衆院選となれば大変です。都議選の比ではありません。出てくれそうな遺児を捜したんですが、いなかったんです。その結果、私と山本さんの2人が地元に戻って出ることになりました。

出馬を迷う気持ちはまったくありませんでした。そもそも交通遺児育英会に就職した時から玉井さんが親分でしたから、親分が「こうだ」と言えば、「はい」と答えるのが私たちの役目だと思っていましたから。落選したら、日本ブラジル交流協会に帰ればいいとも思っていました。

選挙戦自体は、訳もわからずという状態でした。突然、玉井さんから「出ろ」と言われ、準備期間

も短かったからです。選挙ビラの経歴に「あしなが運動20年」と入れましたが、これが唯一のウリでした。遺児学生たちが応援に来てくれました。結果的には日本新党ブームに乗り、5人区（旧大阪3区）でダントツの1位でした。山本さんも旧大阪4区で当選しました。

その後、日本新党から今の民主党へと所属政党は変わっていったわけですが、政治家になって良かったのかどうかと聞かれれば、「さまざまな経験をさせていただいたけれども、こういう仕事は長くやるものではないな」というのが現時点での感想です。

交通遺児育英会は官僚に乗っ取られた

私が初当選した後の1994年3月、交通遺児育英会の内部で「玉井攻撃」が始まり、結果として玉井さんは専務理事を辞任してしまいました。財団法人は法律に基づいており、当時は総理府と文部省が監督官庁でした。そこから天下りの官僚が来ており、玉井さんが災害遺児救済に手を広げることについて「いっさいまかりならん」という姿勢を取りました。玉井さんを攻撃することにより、結果として役所が財団法人を乗っ取ったということです。これは問題だと考え、私と山本さんで衆議院交通安全対策特別委員会や文教委員会などで質問しました。

今の交通遺児育英会は、まさに天下りの受け入れ団体であり、おカネはあってもたいした仕事はできない団体になってしまっています。今でいう行革の対象になっています。

しかし、玉井さんが辞表をたたきつけて同財団法人を飛び出したことは、今にして見れば、当然の行動だったと言っていいでしょうね。玉井さんが凄いのは、そこから別にあしなが育英会を作り、今や前の財団法人を凌駕するまでに育て上げたことです。

（聞き書き　仮野忠男）

ひとことで言えば天才的な社会運動家だ

副田義也
（筑波大学名誉教授）

社会学者として玉井さんとの付き合いが始まり、すでに二人の交流は45年間以上に及んでいます。２００３年3月には財団法人・交通遺児育英会から現在のあしなが育英会に至るまでの軌跡を追った『あしなが運動と玉井義臣――歴史社会学的考察』（岩波書店）を出版しました。あしなが運動の実情を長い間、外から研究・観察してきたわけですが、玉井さんという人はひとことで言えば、天才的な社会運動家だと思っています。私は「我々常人の判断の枠内で、玉井さんを理解しきれる訳がない」と絶えず自分の心に言い聞かせています。どうも大変な人に出会ったもんだとも思っています。

玉井さんとは知り合ったのは１９６０年代後半のことです。私が東京女子大学で助教授を務めていたころ「全日本交通科学協議会」という団体がありました。その協議会が交通事故による重度後遺症者の生活実態を調査することになったんです。私は東京女子大学の古屋野正伍教授（社会学）の下にいたんですが、古屋野教授が玉井さんを紹介してくれました。それが二人の交流の始まりでした。それからしばらくして69年5月に交通遺児育英会が設立され、74年に交通遺児家庭の実態調査の依頼が私のところに来ました。その仕事は、それまでは東京大学教育学部の大場義夫教授が担当していたのですが、玉井さんが私に切り替えたようです。その後も93年まで毎年、交通遺児やその家庭の実態調査をやりました。

この間の1994年3月に玉井さんは交通遺児育英会の専務理事を辞任しました。玉井さんが交通遺児だけでなく、災害遺児などに救済の手を広げようとしたところ、同育英会の内部から〝玉井攻撃〟が始まったことが辞任の引き金になったわけですが、私は玉井さんの考え方を全面的に支持していました。

交通遺児育英会が交通遺児の救済だけをやっていたんでは、運動の縮小傾向は避けられないと考えていたからです。当時は交通事故による死者数が減少する一方、少子化の傾向などが顕著になり始めた時期でした。そういうことを複合的に考えると、交通遺児の数は少なくなると予想されました。

それと社会運動の論理として「どうして交通遺児だけを優遇するんだ」という声が初めからあったことも事実でした。所管官庁だった総理府などは、自らの思惑や国からの補助金問題などを考えて「災害遺児にまで対象を広げるのはまかりならん」と批判したわけですが、総理府としては交通遺児だけに限っておけば、いい天下り先がひとつ維持できるわけですからね。総理府といっても交通事故対策が主な仕事でしかなく、力を持っていたのは警察庁でした。これがポイントです。

「交通遺児は突破口だ」

「交通遺児だけを優遇していいのか」という疑問に関して玉井さんは当初から「交通遺児は突破口だ。いずれ他の遺児の救済にも手を広げる」と絶えず言っていました。ただし、玉井さんには母親を交通事故で亡くしたという個人的な体験があったことから「交通遺児は突破口だ」と言いながら、他方で「交通遺児は特別な存在だ」という気持ちが若干ながらありましたね。

結果論に言えば「突破口は開くことができた。しかし、交通事故の減少や少子化が起き始め、このままでは運動が縮んでしまう」と玉井さんは考えたのではないでしょうか。縮むことに恐れを感じて、戦線を別のものに転じ、活動の幅を広げていったということでしょう。

玉井さんは先を見る目、時代状況に対する鋭い分析力を持っている人です。玉井さんの活動ぶりを見ていると、やや不謹慎な例えになるかもしれませんが、軍隊における司令官みたいですね。軍事の面では、将校というものは陸軍大学、今では防衛大学校で養成できます。しかし、将の将たる将軍については「天性の才能を持つ人物を見つけて、その人物が育つのを待つしかない」とよく言われます。玉井さんを見ていると、そのことを感じます。

玉井さんの周りには優秀で若い運動家たちがいますが、彼らは陸軍大学や防衛大学校を卒業した秀才の青年将校といったところです。大戦争に際して彼らを指揮できる司令官は玉井さんしかいないと思います。

その才能がどこから来たのか私にはよく分からない。それが持って生まれたものかどうか。社会学の人間として「持って生まれた」とは言いたくはないんですけどね。何とか学問的に説明したいんですが、説明できない。

その後、玉井さんは交通遺児育英会を辞任する一方、すぐにあしなが育英会（1993年4月に設立）に転じるわけですが、この交通遺児育英会からあしなが育英会へのバトンタッチというか、連結というか、これは申し分なくうまく行きましたね。あしなが育英会を1年前に作っておいて、交通遺児育英会を辞めた翌月には、あしなが育英会の副会長に就任することができたんですから。

社会運動家たる玉井さんにとって正しい忠告だったかどうかは分かりませんが、玉井さんが交通遺児育英会を辞めた後、「交通遺児育英会のことはもう放っときましょうよ」と言ったことがありました。玉井さんとしては交通遺児育英会にまだ未練を持っていたからです。

玉井さんは「交通遺児育英会には巨額の資産を残してきたし、それがもったいない。心塾の建物や土地の問題もある。それらを取り返したい」と思っていたようでした。ところがある時、バーだったか酒場だったかで一杯やった時、玉井さんが私に「交通遺児育英会に執着するのはもうやめようか」と言ったことがありました。

そのころは、あしなが育英会が十分に大きく育ちそうだという見通しが立った時期でしたから、私が「やめていいんじゃないですか。資産を取り戻せば、おカネが入ってくるかもしれませんが、貴重な時間やエネルギーを不毛な争いに使うのはもったいないですよ」と応じると、玉井さんが「じゃあ、やめますか。この争いは」と言ったのを覚えています。

あしなが運動は教育・福祉・道徳運動そのものだ

2012年4月、玉井さんに請われてあしなが育英会の副会長に就任しました。今後は内部から育英会を盛り立てていく立場になったわけですが、育英会の現状を見ていて思うことは「うまく行きすぎて怖いぐらいだ」というのが偽らざる感想です。特に昨年3月11日に起きた東日本大震災に際して、津波遺児2000人以上に1人当たり200万円の特別生活一時金を給付したのは大変なことでした。

よくぞここまで思い切ったことをやることができたなと思います。このことはもっと社会的に評価されていいですね。

ただし、津波遺児たちに十分なことをしてあげたとしても、自らは沈黙している方がいいのかもしれません。というのも、あしなが育英会の活動に対して心ない評価をする人もいるわけですから、気を付けなければいけないと一方では思っています。

東日本大震災での募金活動については海外から注目を集めただけでなく、世界各国から寄付金が寄せられるようになりました。そうすると、育英会の活動は自ずから日本国内にとどまらなくなってきます。もともと育英会には国際志向がありました。交通遺児育英会の時代に玉井さんはブラジルとの青少年交流を手掛け、あしなが育英会になってからはトルコや中国などでの地震遺児の救済活動へと手を広げていきました。その国際志向が現在の「アフリカ遺児教育支援100年構想」で本格化したと言えるかもしれませんね。

玉井さんが、あしなが育英会に転じて約20年以上が過ぎたわけですが、この間、支援の対象者を災害、テロ、戦争、自死、エイズ遺児などに拡大し、募金額を増やしていきました。それができた直接的な要因として日本国内を中心に多くの善意の「あしながさん」がいたからだと思います。これを社会学の面から見た場合、どう考えればいいか。私の感想を率直に言いますと、日本人の素晴らしさということになりますね。私たち社会学の人間は、ともすれば日本人と日本文化を批判することで、その存在価値を主張しがちです。この点はジャーナリストも同じかもしれませんが、要するに社会学というものは日本人批判、日本文化批判が売り物なんですよ。

しかし、あしなが運動のこれまでを見ていると「日本人というのはまんざらではないな」と思いますね。玉井さんの著書『だから、あしなが運動は素敵だ』[4]の中で書いたことですが、玉井さんはあしなが運動を通じて日本人の人間性や思いやり、愛情、正義を引き出したのだと思います。言葉を変えれば、あしなが運動は、教育・福祉運動であり、思想・道徳運動でもあると言っていいでしょう。そういう脈絡の中であしなが運動というものを考えるべきだと思いますね。

4　2010年7月、批評社刊。玉井さんが交通遺児育英会およびあしなが育英会の両機関紙に書き続けてきたコラムをまとめて収録したものだ。副田氏は巻末に「日本社会発、世界社会行き『あしなが運動』」という見出しの短文を寄せている。

この中で副田氏は、米国の奨学金制度とあしなが育英会のそれとを比較文化的視点から分析し、「米国の奨学金制度や学資ローン制度が、米国の若者たちを逃れようのない貧困状態に追い込んでいる実態を最近知り、愕然とした。米国の借金地獄と対比すれば、現代日本の奨学金制度は文明の高水準を示している。特にあしなが育英会を財政的に支えるあしながさんたちと、米国の『サリーメイ』（学資ローン業界の最大手SLMのニックネーム）の経営者たちとを比較してみると、人間性と非人間性、思いやりとエゴイズム、愛情と収奪、正義と不正が浮き彫りになる」（要旨）と指摘したうえで、前述のように、教育や道徳運動としてのあしなが運動の意義を強調している。

玉井さんが言ってきたことは、交通事故で命を奪われた母親の「敵《かたき》を討つ」だとか、募金に応じてくれたあしながさんに「恩返しをする」など結構古めかしい発想が多いんです。しかし、日本人の泣かせどころを知っているわけで、そこは大変うまいですね。

際立った反対意見はなかったアフリカ100年構想

今、玉井さんは「アフリカ遺児教育支援100年構想」を提唱し、それに取り組んでいますが、私が聞いている限りでは、理事会の中で際立った反対意見はなかったと思います。

アフリカ問題に関して私個人は「アジアなどもっと近いところからやった方がいいのでは」と考えていました。私は筑波大学で教育担当の副学長をやったことがあるのですが、その時の経験から「アフリカに手を出すと難しい問題に直面しかねないぞ」と心配したんです。

玉井さんは「サブサハラの49カ国から遺児の秀才を一人ずつ選んで、世界の大学に留学してもらう」と言っています。そのこと自体は結構なことなのですが、問題はその選考をどうするかです。放っておくと現地の有力者の息子や娘が選ばれかねません。玉井さんに「気を付けた方がいい」と忠告したら「選考には十分に気をつける。極貧国の遺児という縛りをかけるから大丈夫」と言っていました。

いずれにしても「アジアでやればいいのでは」という私の考え方は常識論でしかないんです。アフリカ100年構想について私は「あの天才が言うんだから、ちゃんとした見通しがあるんだろう」と受け止めています。彼は結構リアリストですから大丈夫でしょう。

繰り返しになりますが、いま私が持っている感想は「まあえらい人に出会ったものだ」というものです。とはいえ「何をやったらあの天才運動家の役に立つか」と考えながら、副会長のひとりとして、組織を動かすという面で何がしかの助言をしようと思っているところです。

（聞き書き　仮野忠男）

人生の節目における父であり、兄であり、心の師だ

下村博文
（衆院議員・元内閣官房副長官）

私にとっての玉井さんは人生の節目における父であり、兄であり、そして心の師だと思っています。玉井さんは童心のようなロマンを持ち続け、それに向かって生きているスケールの大きな人だと思います。

私の父親は１９６３年10月９日、交通事故で亡くなりました。群馬県群馬郡倉渕村（現高崎市倉渕）内での自損事故が原因でした。残されたのは当時32歳の母親、９歳の私（小学校3年生）、５歳と1歳の弟でした。

父親の死後、私たちは隣の同郡榛名町（現高崎市榛名）の母親の実家に移り住みました。母親は、朝晩は畑仕事、昼間はパートに出て働き、私たちを育ててくれました。

交通遺児育英会のお陰で全日制の高校に進学

貧しかったことから母親は、私の高校進学について「昼間は働き、夜間の定時制高校に行ってほしい」と言っていました。私もそうせざるを得ないと思っていたころの１９６９年、中学校の先生が交通遺児育英会による奨学金制度が発足することを教えてくれました。私は「交通遺児育英会の奨学金

と日本育英会[5]の特別奨学金を受けることができれば、全日制の高校に行ける」と考えました。

5　日本育英会法に基づいて経済的理由から修学困難な優秀学生に学資貸与等の育英事業を行った特殊法人。1944年に設立。返還すべきなのに返還しない滞納額が増え、小泉内閣の特殊法人改革で2004年3月末に廃止となった。日本育英会で行っていた学生への奨学金貸与事業は、同年4月に設立された文部科学省所管の独立行政法人・日本学生支援機構（JASSO）に継承された。下村氏が受けた当時の「特別奨学金」は返済しないでいいものだった。現在はない。

翌1970年、同県立高崎高校に進み、実際にこの年にスタートした交通遺児育英会から奨学金の貸与を第1期生として受け始めました。交通遺児育英会の存在を初めて知った時はうれしかったですね。お陰で安心して高校時代を送ることができるわけですから。

74年に早稲田大学教育学部に進んだ際も、2つの奨学金を受けました。しかし、母親からの仕送りがなかったことから家庭教師を含め、ありとあらゆるアルバイトをしました。4年生の時には友人と一緒に学習塾を開いて、生活費の足しにしました。

玉井さんに初めて会ったのは大学1年生の時でした。山梨県・山中湖畔の富士青少年センターで「大学奨学生のつどい[6]」が開かれた時です。これに参加した私は違和感を持ちました。「奨学生は貸与された奨学金をあとで返済すればいいだけで、学生時代は勉学に専念すればいいはずだ」と思っていたからです。街頭募金にも出なければならず、「これはおかしいな」と考え、つどいが終わった後、仲間7、8人と一緒に「交通遺児育英会にもの申す」という新聞を作り、全国の大学奨学生に送りました。新聞の内容は玉井さんを批判したものでしたが、交通遺児育英会の事務局に行き、育英会が所有している印刷機や紙を使い、事務局から切手をもらって郵送したのですから、今から思えば相当に図々しい行為でした。

6　奨学生に集まってもらい、人間づくり、仲間づくりの場とする狙いで高校奨学生は1970年から、大学奨学生は74年から始められた。大学奨学生の場合は、1年生の夏休みに参加する「前期のつどい」と3年生の夏休みに参加する「3年生のつどい」があった。3泊ないし4泊し、玉井専務理事の挨拶を聞いたり、自分史を語り合ったりした。

大学奨学生の〝玉井さん批判〟を黙認した懐の深さ

事務局員の中には「育英会を批判した新聞を出させるなど、どうして許したのか」と言う人もいたようですが、玉井さんは何も口をはさまず、「なんでも認めてやれ」と黙認してくれたということが後で分かりました。玉井さんの懐の深さはたいしたものだと逆にびっくりしました。

その後、玉井さんと「あしなが運動とは何か、遺児教育はどうあるべきか」について徹夜で議論する機会がありました。玉井さんは「交通遺児育英会は日本育英会と違って、あしながさんたちの善意で成り立っているんだぞ。だから君たちは奨学金を借りることができたんだ。本来なら希望者全員に貸してあげたいんだが、それだけの財源がないため、ごく限られた交通遺児にしか貸与できないんだ。もっと多くの遺児に貸与できるように君たち大学生も協力するのが役目であり、責務ではないか」と言いました。

確かに、その通りでした。奨学金を借りるための試験会場には多くの学生が来ていました。しかし、そこで知り合った学生のうち何人もが奨学金を受けられなかったんです。私は自己中心的な主張ばかりしておれないなと納得し、自分も恩返しの一環として街頭募金に立とうと決意しました。ですから玉井さんを批判する新聞の発行は1回だけでやめました。

玉井さんとの接点が強くなったのは2年生の時でした。この当時、玉井さんは「母子家庭の母親の雇用促進法」の法制化を与野党に求めていました。ある日、玉井さんが私のところにたくさんの資料を持ってきて「徹夜してでも法案の骨子案を作ってほしい。君は将来、政治家になることを希望しているわけだからそれぐらいやってみろ」と言いました。ほかにも大学生はいっぱいいる中で、私に声をかけてくれたわけですから、期待されていると思うと同時に励みになりました。翌朝、骨子案を作って持って行ったところ「本当に作ってきたな」とびっくりした顔で受け取ってくれました。うれしくなり、玉井さんの門下生になったような気分でした。

私は小学校のころから政治家になりたいと思っていました。父親の死後、貧困生活の中で、それまでと違い、手のひらを返すように誰も見向きしなくなるという冷たさを味わいました。その一方で自分も貧しいのに、私たち家族のことを心配して助けてくれる人もいました。そういう人に恩返しできるような人間になりたい、それができるのは政治家だと思ったのです。群馬県にはそういう土壌があったんですよ。

早稲田大学を選んだのも、自由な校風の中で在野の精神を持った個性的で魅力的な政治家を輩出しているからです。3年の時、そうした政治家の多くが切磋琢磨した雄弁会の幹事長に就任しました。

玉井さんは「雄弁会の幹事長になったとはたいしたものだ」と私に目をかけてくれるようになり、2人の関係が深化していきました。

都議選に初出馬。先頭に立って応援してくれた

4年生の時に始めた学習塾は順調に発展しました。私は就職せず、塾長の仕事に力を傾けました。最初の生徒数は50人だったんですが、2500人に膨れ上がったほどでした。そうした中、1985年の東京都議選に新自由クラブから出馬しました。塾経営の経験を活かし、教育改革を進めようと思ったからです。

玉井さんをはじめ交通遺児育英会の職員や奨学生などが応援してくれました。特に玉井さんは先頭に立って東京都板橋区内にある高島平団地を一軒一軒回り、「ポスターを貼らしてください」「下村君をよろしく」と呼び掛けてくれました。

しかし、結果は落選（次々点）でした。「一将功なりて万骨枯る」という言葉の通り、周りに迷惑をかけたという挫折感でいっぱいでした。学習塾のカネを相当注ぎ込んだし、当時、100人ぐらいいた講師が「塾長を政治家にするために講師をしているわけではない」と辞めていき、半分に減ったほどでした。そこでしばらくは塾経営に専念することにしました。その結果、塾経営は再び軌道に乗り、私は「塾を上場するか、私立学校を創ろう。それで余裕ができたら選挙に出よう」と考えるようになりました。

1989年、また都議選が近づいてきました。後援会には「今度は出ません。もっと力をつけてから出ます」と伝え、了承を得ました。このことを報告するために玉井さんを訪ねました。そのころ玉

井さんは、奥さんの由美さんを看病するため、遅くまで病院にいて見守っていました。私が「出馬しないことにしました。後援会も賛成してくれています」と言うと、玉井さんからは「カネを儲けて、中年のおっさんになってから選挙に出ても、誰も魅力を感じないぞ。今すぐに出ろ」と説得されました。意を決して、出馬しました。今度は当選することができました。

童心のようなロマンとスケールの大きさ

冒頭で玉井さんは「童心のようなロマンを持ち、それに向かって生きている人だ」と言いましたが、それを強く感じたのは2010年に玉井さんと一緒にアフリカのウガンダに行った時でした。

当時、玉井さんはパーキンソン病と闘病中で、車いすに乗って移動していました。ところが今は車いすには乗っていません。あるパーキンソン病の人に聞いたら「手術もしないで車イス状態の人が治ったなんて聞いたことがない」と言っていました。奇跡に近い回復力と言っていいですね。それは、童心のようなロマンを持つ玉井さんを、天が助けてくれたのでは、と思えるぐらいです。

また玉井さんの生き方や行動の中には純真性があると思います。例えばアフリカ遺児教育支援100年構想に関して玉井さんは「人類としての贖罪を自分がやらなければならない。それはかつてアフリカ大陸の黒人を奴隷にしたり、植民地支配したりした欧米諸国の白人ではなく、アジアの黄色人種だからできることなんだ」という気持ちを持っているところに、それが現れています。

その後、奴隷解放や人種差別撤廃が行われたものの、白人と黒人は本当に平等になったのか、という問題意識も玉井さんは持っています。つまり、まだまだ大きな格差があるのではないか、その一つが教育だというわけです。玉井さんは「黒人は頭が悪いのではない。頭を良くしていくための教育をしてこなかっただけだ。例えば数学をきちんと教えていない。だからレジでおつりも数えられない。これは、白人の置き土産の中に歪んだ教育システムが残ったままだからだ」と本気で考えているところがあります。

玉井さんは当初、ウガンダでインターナショナルスクールを開校したいと考えていました。しかし、資金面やアフリカ関係国の国情が安定的ではないという問題があり、当面はレインボーハウスや寺子屋を作ってエイズ遺児に対する教育支援を進めようということになりました。特に同100年構想は壮大なスケールです。玉井さんは、アフリカがかつてのように再び搾取されないよう外国で学んだ遺児たちが帰国し、海外で得た学識や経験を活かし、母国建設のために貢献してほしいと願っています。

こうした玉井さんの筋書きは、紆余曲折があったとしても、概ねそうなるのではないでしょうか。この考え方に私も賛同しています。

玉井さんには、残り時間をこの構想実現のために費やし、頑張ってほしいですね。私たち卒業生も、各自の持ち場からサポートしたいと思っています。

100年構想と同様、玉井さんはとにかくスケールの大きな人です。

(聞き書き　仮野忠男)

「支え合い」が世界に広がりますように

紺野美沙子（女優）

玉井先生、朗読座の活動をいつも応援してくださりありがとうございます。

２０１２年初め、朗読と音楽を通じて、厳寒の東北で避難生活を強いられている人々に心の温もりを届けたいという私の思いが、あしなが育英会の皆さんとともに「東北応援公演」という形で実現することができました。

「子どもたちの未来のためにという思いは同じ」とおっしゃってくださった玉井先生のおかげです。被災３県でささやかではありますが、希望の種をまく活動をこれからも継続していきたいと思っています。

早い決断に驚くばかり

あしなが育英会は、２０１１年3月11日以降、被災した子どもたちの調査のために真っ先に現地に入られたそうですね。そして地震・津波で親を亡くした子どもたちのために、何に使ってもいい使途自由で返済不要の生活特別一時金を給付しました。心の面で子どもたちを長く支えるための東北レインボーハウスの建設計画も驚くほど早い決断でした。

玉井先生とはもう20年以上のお付き合いになりましたね。

きっかけは私の夫でした。夫が学生時代、日本ブラジル交流協会の交換留学生としてブラジルに1年間、留学した時に、玉井先生に大変お世話になったと聞いています。夫とともに玉井先生のもとへ結婚のご報告にうかがった時、先生のこれまでのご活動をうかがいました。あしなが運動を始められたきっかけやお母様のこと、奥様のこと……。

「人は悲しみが多いほど、人には優しくできるのだから」という「贈る言葉」の歌詞が浮かびました。[7] 玉井先生はこれまで、どれほどの哀しみや悔しさを乗り越えてこられたのか。さまざまな痛みを乗り越えて、情熱を持って前に進むお姿に私は心動かされ、ずっとあしなが運動を応援していきたいと思っています。このブックレットを手に取っていらっしゃる皆さんも同じ気持ちだと思います。

私は、あしなが育英会の活動を紹介するビデオやAC[8]のコマーシャルのナレーションの担当をさせていただいています。学生の皆さんと街頭募金やPウォーク[9]に参加したことも良い思い出です。

7 海援隊の武田鉄矢氏が作詞し、1979年、ポリドールから発売された（作曲＝千葉和臣氏）。当時の世相を反映し、レコード売り上げが100万枚を超える大ヒットになった。「人は悲しみが多いほど、人には優しくできるのだから」は歌詞の1番の中に出てくる。

8 公益財団法人・AC（エーシー）ジャパンのことで、さまざまなメディアを通じた公共広告によって啓発活動を行っている民間団体。1971年に設立され、旧名は「社団法人・公共広告機構」。あしなが育英会は支援対象団体の一つ。紺野さんは2011年度の支援キャンペーン「あしながさんがくれた愛」でナレーションを担当した。

9 Philanthropy Walk のことで、あしなが育英会は「フィランソロピー（やさしい人間愛）社会の実現を目指して歩く活動」と定義している。米国で始まった小児麻痺撲滅運動「マーチ・オブ・ダイムズ（10セント玉の行進)」をヒントにして導入した。1991年年10月10日の体育の日に、病気遺児の高校進学支援を掲げて全国約60コース（1コース約10キロ）で初めて実施、寄付を募った。その後も毎年行っており、2011年までの寄付総額は約4億8000万円に達している。累計参加者数は約49万人。

軽々と国境を越えるところも驚き

いつも精力的な玉井先生のお仕事ぶりには驚かされていますが、いちばん驚いたのは10年以上前のことですが、「これからは世界の遺児を救う」とうかがった時です。日本国内でも病気や自殺などで親を亡くした子どもたちの心のケアの重要性が高まる中で、世界に目を向けることは大切です。しかし、容易なことではありません。

特にアフリカには極度の貧困や気候変動による自然災害、内戦、テロなどの問題が山積しています。しかし、有言実行の玉井先生のことです。「すでに地球を何周もなさったのでは?」と思えるほど軽々と国境を越えていらっしゃいますね。

夢のような計画が着実に成果をあげているのです。特にウガンダには、あしながの事務所ができたと思ったら、レインボーハウスが完成。現在では経済的な貧しさゆえに初等教育さえも受ける機会のなかった多くの子どもたちが、大学進学の夢に向かって学んでいます。

私は1998年秋に国連開発計画（UNDP）親善大使に任命され、これまで九つの途上国と地域（中東・パレスチナ）を親善訪問しました。アフリカではガーナとタンザニアの2カ国にまいりました。そこで極度の貧困の中で生活する人々を目の当たりにしました。満足に食べるものもなく、医療施設も乏しく、働く場もない最貧困の人々の現実。

UNDP親善大使としてガーナを訪問した（中央）2003年8月（篠田伸二氏撮影）

さまざまな問題がある中で、私は何よりも大切な支援は「教育」だと思います。世界中のすべての子どもたちが平等に初等教育を受けられることです。

教育は世界の子どもにとって生きる希望

と言いますのは、経済的な貧しさゆえに、小学校にさえ通うことができない場合、その子どもは母国語を読んだり、書いたり、簡単な計算さえも学ぶことができません。そして読み書き計算が身についていないことで、きちんとした職場を得る機会もなく、生涯、貧困生活から抜け出すことができない可能性が大きくなります。

「教育」は世界中のすべての子どもたちの生きる希望です。そして、ますます厳しさを増す社会で生き抜くための礎です。子どもたちが、自由におおらかに自分を信じて成長するには「師・仲間・居場所」が必要です。

玉井先生、これからも「あしなが運動の師」としてのご活躍、大いに期待しております。

そして、あしながファミリーの「支え合い」が世界中の子どもたちに広がりますように。

（寄稿）

紺野美沙子さん略歴

（こんの・みさこ）東京都生まれ。慶応義塾大学文学部卒業。女優として映画、テレビ、舞台などで幅広く活躍中。2012年7月には、明治時代、慌ただしい近代化により日本の美しさや良さが失われていく中で、ラフカディオ・ハーン（小泉八雲）と妻セツが幸せを見つけていく姿を描いた『日本の面影』（俳優座劇場）でセツ役を好演した。1998年、国連開発計画親善大使に任命され、アジア、アフリカ各国を視察。エッセイストでもある。著書に『ララララ親善大使』（小学館）など。2010年秋から「紺野美沙子の朗読座」を主宰。

45年前、玉井先生と出会えて本当に良かった

岡嶋信治
（交通遺児を励ます会会長）

２０１２年は、親代わりだった私の姉が交通事故で亡くなってから50年、玉井義臣先生と知り合ってから45年の節目の年です。その年に玉井先生について語るというのは感無量のことです。交通遺児への支援活動を通じて私が玉井先生に感じたことは「この人は本ものだ」ということであり、先生に出会えて本当に良かったと思っています。先生がいなければ、交通遺児育英会はできなかったし、その後のあしなが育英会もできなかったに違いありません。玉井先生はファンドレイジングの天才であり、これほどの人は、日本国内はもちろん世界的に見ても珍しいのではないでしょうか。

交通遺児を励ます会を作ったものの……

姉の事故死から半月後の１９６１年11月30日付朝日新聞「声」欄に、私の投書「走る凶器に姉を奪われて」が掲載されました。この投書に対して全国から１３１通の励ましの手紙が届きました。その手紙に支えられて私は立ちなおりました。その恩返しとして同じ境遇の遺児を励まそうと、67年４月に16人の仲間と「交通遺児を励ます会」を作りました。

私たちは活動の柱として①他の交通遺児に手紙を出したり、訪問したりして励ます、②遺児の高校進

学を経済的に援助するため街頭募金を行う、③地方の遺児たちとの交歓会を開く、④交通事故ゼロに向けた討論会を開く⑤遺児の作文集を出し、交通事故は〝公害〟だと世論を喚起する――の5点を定めました。

そして交通遺児を捜し始めたのですが、どこに何人いるかがつかめませんでした。当時の「全日本交通安全協会」や東京都内の小中学校19校に問い合わせても、無回答か、返事があっても「該当者はいない」というものでした。活動は暗礁に乗り上げてしまい、2、3カ月が過ぎると、16人いた仲間も半分に減っていきました。「どうにかしなければ」と思案していた時に出会ったのが、玉井先生が書いた『交通犠牲者――恐怖の実態を追跡する』（弘文堂）でした。たまたま立ち寄った東京・新宿区内の本屋で見つけたんです。

その本を読み、「玉井先生は私と同じ悲しい体験をしている。この先生なら力になってくれるのではないか」と思い、出版社経由で「会ってほしい」と手紙を出しました。

手にしているのは玉井氏が書いた『交通犠牲者』

今も残る玉井先生の右手の温もり

67年7月3日午後1時、日本教育テレビの玄関前で玉井先生とようやく会うことができました。私が24歳、玉井先生が32歳の時です。この際、先生からもらった名刺を今も持っています。

先生が案内してくれた喫茶店で、私は「励ます会」の目的や実情などを必死に説明しました。「この人に断られたらあとがない」と切羽詰った気持ちでした。最後に「顧問か相談役になってほしい」とお願いしました。すると先生は「分かりました。協力いたしましょう」と相談役を引き受けてくれました。私たちは右手を出して握手しました。45年たった今でも、先生の右手の温もりを感じることができるほどです。

この年の10月22日から8日間、秋の交通安全運動にあわせて東京・数寄屋橋とJR池袋駅東口で1回目の街頭募金を行いました。玉井先生から「街頭募金のような〝旗揚げ興行〟をやらないと、世間には『励ます会』の存在はわからない」と指摘されたからです。

その後の2年間は、交通遺児育英会を立ち上げるために街頭募金やチャリティーショー、バザーなどを猛烈にやりました。1000万円が集まり、全額を交通遺児育英会に寄付しました。それが育英会の種銭《たねせん》になったわけです。

その後、交通遺児育英会で官僚OBたちによる乗っ取り事件があり、玉井先生は専務理事を辞めました。しかし、私は支援の対象を交通遺児だけでなく、災害遺児や病気遺児などにも広げるという先生の考えに全面的に賛成していました。と言いますのは、交通事故は社会公害であり、遺児はその被害者だという考えから、まずは交通遺児にスポットを当て、地盤・基盤を作ったうえで災害遺児や病気遺児に広げていくのがいいと思っていたからです。

素晴らしいアフリカ遺児教育支援100年構想

玉井先生はかねがね「社会運動家である限り終わりはない。その場合、他の人と違う社会運動家でありたい」という気持ちを持っていました。人と同じことをやっても意味がないということです。歌手の水前寺清子が「男なら　人のやれないことをやれ」と歌った「いっぽんどっこの唄」そのままをいっているわけです。

いま玉井先生は「交通遺児からすべての遺児へ」「日本国内の遺児から世界の遺児へ」と、活動の幅を広げています。これにも大賛成です。２０１1年3月、あしなが育英会が派遣した第3次アフリカ調査団（40人）の一員としてウガンダに行きました。東日本大震災が起き、玉井先生はトンボ返りしましたが、私たちは残ってウガンダ・レインボーハウスなどを視察しました。電気も水道もない現地の実情を見て、ウガンダのエイズ遺児たちを支援し、外国の大学で学んでもらい、いずれは地元のリーダーとして帰すというのは素晴らしいことだと思いました。こうした活動が成功すれば、50年後、１００年後には世界は変わり、フィランソロピー（やさしい人間愛）に満ちた世界が実現するのではないでしょうか。

絶対に消さないでほしい松明リレー

あしなが運動に取り組ませてもらい45年経ちました。しかし、この運動は私1人ではできませんでした。若い人から次の若い人にバトンタッチされて45年間続いたということです。こういう活動がここまで続いた例はほかにはないと思います。ほとんどは5年、10年で消滅していきます。

ただし、あしなが育英会も発足してから20年近く経ちました。今後、かつて交通遺児育英会であったような問題が起きないとも限りません。そういう時は玉井先生に力を一点集中し、問題点を解決していってほしいと思います。

私は高校奨学生や大学奨学生の「つどい」に招かれて話をすることがあります。その時に話すのは「松明リレーを絶対に消さないでほしい」「あしなが運動の伝承者よ、次々と生まれてほしい」ということです。そして親を亡くした時の悲しみや苦しみを片ときも忘れないでほしいと思っています。玉井先生も同じ考えだと思いますが、社会運動である以上、前に進み続けなければならないと考えています。

（聞き書き　仮野忠男）

岡嶋信治氏の略歴

（おかじま・しんじ）１９４３年5月新潟県柏崎市生まれ。同県立柏崎農業高校（現柏崎総合高校）在学中の61年11月、親代わりだった姉を酒酔い・引き逃げのトラックに奪われる。高校卒業後、測量会社「八州」に入社。昼間、働きながら工学院大学専修学校土木科、日本測量専門学校（現国土建設学院）に通学。卒業し測量士に。イラク・バスラでの鉄道敷設測量をはじめ、日本各地での実地測量、地図作りに携わる。99年に退社し、２０１２年2月まで関連会社に勤務。

この間、１９６７年に交通遺児を励ます会活動を始め、財団法人・交通遺児育英会常任理事などを務めた。現在は交通遺児を励ます会会長、あしなが育英会名誉顧問。著書に『ありがとう　あしながさん――ある測量士の生涯ボランティア奮戦記』『ありがとう　あしながさん第2集』（創栄出版）などがある。

終章　私の夢、私の決意

――アフリカ遺児教育支援１００年構想実現に向けた二つの提案

玉井義臣

私が、はからずも「遺児救済」という天職を得たのは、今から50年前、母ていが、大阪府池田市の自宅前で暴走車に撥ねられ昏睡のすえ36日目に逝ってからである。亡くなるその日まで、毎日、枕頭で母を看病し、治療方針について医者に質問をぶつけたりした。泣いた時もあった。

私は「敵《かたき》は討ったる」と母に誓った。これが50年間にわたる「あしなが運動」の原点である。いま私は77歳。私の周りで起きた事柄をすべて語るには紙数が少なすぎる。

いちばん充実していた交通問題の評論家時代

第2章で触れたことだが、50年間のうち最初の10年間は交通問題の評論家・ジャーナリストとして活動した。その中で私は、交通事故による死者は救急医療体制の不備から、その20%強が犬死にさせられていることを明らかにした。

被害者に対する損害補償（強制される自賠責保険の死亡限度額）は、私の母の死亡当時はわずか50万円だった。これを私たちは「交通遺児を励ます会」の活動などを通じて３０００万円にまで引き上げさせた。加害者に対する刑罰も、当初は懲役刑がなかったが、刑法（第２１１条の業務上過失致死傷罪）の改正を強く求め、懲役刑を導入させた。この時は刑法改正反対派の「非」を訴え、法務省の堀田力さんらとタッグを組んだ。このことは序章の堀田力さんの玉稿の中に触れられている。

多くの政策提言や文明論としてのユックリズム（ユックリ主義）も提唱した。「桂小金治アフタヌーンショー」への約3年におよぶレギュラー出演では、さまざまなテーマをとり上げた。それらが、交通遺児育英会からあしなが育英会まで45年におよぶ遺児救済活動の基礎になった。遺児への奨学金貸与と心のケアの問題にスムーズに取り組むことができたのも、そのおかげだったと考えている。

交通評論家として活動した時代は、その後の仕事を見てもいちばん、充実した期間だったと誇らしく思っている。

運動を支えた2本柱は遺児学生と「あしながさん」だった

交通遺児の中島穣君（当時10歳）の作文「天国にいるおとうさま」が大反響を呼び、それが交通遺児育英会設立の直接的なきっかけとなった。そして交通遺児育英会とあしなが育英会を支えた２本柱は、遺児学生による募金活動と「あしながさん」だった。前にも触れたことだが、これまでに集まった募金額は９００億円に達し、進学・卒業させ得た遺児は９万人にもおよんでいる。

システム的な募金の形が完成していることに是非とも注目していただきたい。それは1日にしてなったものでない。代々の遺児学生たちの並々ならぬ努力と工夫、あしながさんの善意と無償の愛の賜物である。それは、日本人の優しさと他己愛を示すものであり、世界に誇れるものである。

その後、私はあらゆる死因の遺児にまで救済の手を広げた。そして、この10年間は、海外の遺児の救済という「外向きの運動」に取り組んできた。世界中には2億人の遺児がいると言われているが、彼らを救済したいという思いからである。

その中から出てきたのが第1章で紹介された「アフリカ遺児教育支援100年構想」である。これは、サブサハラ（サハラ砂漠以南）49カ国を対象に、遺児の中で最も優秀だと思われる者1カ国当たり一人を選んで、日本をはじめ米国、欧州諸国、中国などの優秀な大学・大学院に4年間留学させるというものである。資金は世界中の企業や基金、団体、大富豪などが支援してくださることを期待している。

算術的に考えた場合、簡単ではないと思うが、これから問題点を洗い直し、世界の衆知を集めて解決策を見出し、1日も早く実現させたいと願っている。

アフリカ遺児教育支援100年構想にかけた思い

私の構想に対して、このブックレットを読んでくださった方々は、どう思われただろうか。「ドンキホーテ玉井の大ボラ話だ」と思われただろうか。それとも「素晴らしいアイディアだ。世界の貧困削減は国際社会の夢であり、それは最底辺層（ボトム）の経済の向上がカギだからだ」と賛意をお持ちいただいただろうか。

あるいは「1カ国から一人の優秀な遺児をどう選ぶのか。サブサハラの国々の中には国内だけでなく、国家間で絶えず部族間の対立や内戦が起きているではないか。そういう不安定な政情の中で大丈夫なのか」「49カ国の間の経済格差、さらには教育格差も大きいのではないか。本当にうまくいくのか」などと考えている方もおられると思う。

しかし、私は１００年におよぶ長期の構想であり、できることからやっていけばいいのではないかと思っている。アフリカにはＨＩＶエイズのほか、マラリアやエボラ熱、デング熱、黄熱病など多くの伝染病や風土病がある。衛生不良や餓死、栄養欠乏、その他、私たちが知らない若死にの要因がある。多産多死が多産少死になるには巨額の国際投資が必要だし、容易ではない。しかし、多産少死は時間をかけ、投資をしていけば可能だと考えている。多産少死が人口ボーナス[1]をもたらすと予見する学者も多い。

1　人口の動きが経済にプラスに作用するという意味で、簡単に言えば、多産多死の社会から少産少死の社会に変わっていく時に見られる現象を指す。15歳から64歳までの働き盛りの人口が多いと、税収や消費が増え、逆に14歳以下の子供や65歳以上の老人が少ないと、教育や医療、年金などの社会福祉の負担が軽くなる。この状況では貯蓄率が上昇し、投資も活発になり、経済成長が促される。日本では、かつての高度成長期に人口ボーナス期を迎えたと言われている。

アフリカの場合、天災も多く、そのスケールも大きいが、巨大投資でカバーできると思う。アフリカが現在、欧米先進国や中国の草刈り場になろうとしているとの説も否定しきれないが、アフリカは今後、人口が増えることによって地球上で最大の消費国となり、人類にとって〝宝の山〟になると言われている。これは、前国際協力機構（ＪＩＣＡ）前理事長の緒方貞子さんが私に言ったことだ。

アフリカ遺児教育支援１００年構想を考えたのは、私が日本とブラジルの青少年交流に携わっていた時だ。私の師でもあった永野重雄さんは「たらいでは小魚しか養えない。しかし、南アメリカの大国に留学生を放てば大魚になるだろう」と喝破した。その通りである。

賢人会の創設と世界の若者の参加を呼び掛けたい

同100年構想実現のために私は以下の二つの提案を今、まとめようとしている。

一つ目は、世界的な賢人会（有識者会議）を設置するということだ。賢人としては第1章で紹介した米国のバッサー大学学長を始めとして、スタンフォードやハーバード大学、ウガンダのマケレレ大学、英国のオックスフォード大学、中国の北京大学などの合計10大学の学長に就任してもらいたいと考えている。もちろん日本の大学の学長にも参加してもらうつもりだ。

この賢人会で、優秀な遺児の選抜方法や留学生を受け入れる大学の選定などを検討してもらうのがいいと思っている。難しいかもしれないが、案ずるより産むが易し、ではなかろうか。

二つ目は、日米を始めとした世界各国の若者に、この100年構想に参加してもらうということだ。今、米国では有名大学を卒業したエリートの若者たちの中に、証券会社や銀行などに就職するよりも、NGO（非政府機関）に入って、人のために働きたいと言う青年が増えているという。欧州各国でも同じ傾向が見られるそうだ。

私は、こういう若者があしなが育英会に大勢来てくれることを期待している。あしなが育英会は、交通遺児育英会時代のものとは別の新しい「心塾」という学生寮を持っている。そこに宿泊しながら日本国内で活動してもらいたいし、場合によってはウガンダを含むサブサハラの国々を回るなど100年構想の先兵になって活躍してもらえれば、と思っている。実現までに時間はかかるかもしれないが、実験的な試みとして取り組もうと考えているところだ。

高い志を持つ若者よ、私のこの指にとまれ！

１００年構想に関して一番難しいのは資金集めだ。とはいえ繰り返しになるが、これまでの45年間で９００億円を集めた経験からして不可能とは思っていない。米国のファンドレイジング市場は年間２０００兆円にも達すると言われている。新しく素晴らしい資金需要があれば、それに応じて寄付者が増えるというのが私の信念だ。取り掛かる前から心配していては新しい歴史は開けない。

１００年構想のテーマは、貧しい遺児を救済し、その結果、アフリカ社会が豊かになれば、世界各国にもその恩恵は及んでいくはずだというものだ。そうなれば、世界から貧困層が減っていくだろう。私は楽観的だ。どんな難問も衆知を集めれば解くことができる、と信じている。

貧困といった格差が緩やかに解決されていけば、アフリカ黒人を先祖に持つ白人も黄色人種も緩やかに融和していく、と私は信じている。６万年前から人類は「グレートジャーニー」と呼ばれる旅を経て世界に拡がっていき、その結果として、アフリカに残った者からアフリカ人が生まれ、ユーラシア大陸に渡った者から白人が生まれた。中央アジアに拠点を構えた先祖は黄色人種となった。ＤＮＡはつながっているのだ。だから今度は、先祖が来た道をユックリと逆戻りすればいいのである。そうすれば今のモザイク社会は変貌して行くだろう。

私のこの提案を知った皆さん、特に日本を始めとした世界の志高い心ある若者たちに訴えたい。未来は君たちのものだ。若者が未来を握っている。世界はいつでも若者のものでなければならない。そのことを皆心に決めよう。信じよう。この高い志ある人は、日本でも、世界でも賛同の声を上げてほしい。私は命ある限りやる。

志を同じくする地球上の若者よ！　私のこの指に止まれ!!

志高くＷＯＲＫ　ＨＡＲＤすれば必ずできる。

（寄稿）

〈謝辞〉

私が50年間ここまでやれてきたのは、国内外のご支援者のおかげであるが、皆様の名前はいちいちあげられないほど多い。心から感謝の思いでいっぱいです。草創期、私の人生に決定的に影響をあたえてくださった3人は、永野重雄氏（あしなが・日伯初代会長。元日商会頭。故人）、緒方富雄東大名誉教授（教育の何たるかをご教示賜った。故人）、桂小金治氏（タレント。人の心を掴み話す術を教えていただいた）。

また鬼籍に入られた若き同志・山本孝史君（参院議員、享年58）、西本征央君（慶応大学医学部教授、享年47）らに対し、この場を借りて改めて哀悼の意を表したい。

私も命ある限り、天職を続け、人類に貢献したい。見守ってください。

なお第1章でお話しした通り、私は２０１２年5月4日、ウガンダ国立マケレレ大学で「『志』高くＷＯＲＫ　ＨＡＲＤせよ」のタイトルで講演しました。その全文は、あしなが育英会のウェブサイト（http://www.ashinaga.org/news/press/entry-513.html）で閲覧できます。

玉井義臣氏の略歴

（たまい・よしおみ）１９３５年2月6日、大阪府池田市生まれ。58年、滋賀大学経済学部を卒業後、証券会社勤務などを経て経済評論家としてデビュー。63年12月23日、母親が交通事故に遭い、昏睡状態のまま36日後に死去。これを契機に交通事故被害者の救援問題を提起し、「交通評論家」としての活動を開始した。「桂小金治アフタヌーンショー」の交通事故防止キャンペーンの企画を担当し、自らも出演。各界関係者と議論を戦わせ、刑法第２１１条（業務上過失致死傷罪）の改正実現などに尽力した。68年には「交通遺児を励ます会」に参画し、街頭募金活動を開始。さらに69年に「励ます会」と財界の重鎮・永野重雄氏らの協力を得て「財団法人・交通遺児育英会」を設立し、専務理事に就任した。全国の学生による募金活動により財団の運営は順調だったが、石油ショックで財政難に陥った。そこで毎月、継続的に支援してくれる「あしながさん」制度を考案してピンチを脱した。しかし、94年、同育英会の運営方法や同会への官僚の天下り人事に抗議する形で専務理事を退任。その後は、新たに設立された純粋な民間組織「あしなが育英会」の副会長に就任。「あしなが育英会」は支援対象を、交通遺児を除く災害・病気・自死（自殺）、テロ、戦争遺児などに広げた。98年、会長に就任。現在はアフリカの貧困削減、イラクやアフガニスタンなど世界各国の災害・戦争・テロ・ＨＩＶエイズ遺児などの救済・教育支援活動を続けている。90年と２００４年の2回、朝日新聞社の「朝日社会福祉賞」を受賞。著書に『交通犠牲者――恐怖の実態を追跡する』（弘文堂）、『ゆっくり歩こう日本』（サイマル出版会）、『だから、あしなが運動は素敵だ』（批評社）など。『天国にいるおとうさま』など編著も多い。

年表　あしなが運動の歴史

年	月	
1961	11・17	岡嶋信治の姉、酔っぱらい運転のトラックにひき逃げされ死亡
1963	12・1	岡嶋の投書、朝日新聞『声』欄に掲載。131通の激励の手紙
	12・23	玉井義臣の母、交通事故に遭う（翌年1・27死亡）
1965	12・5	『交通犠牲者』（玉井著・弘文堂）出版
1966	4・16	玉井、「桂小金治アフタヌーンショー」レギュラー出演
1967	4・16	岡嶋、朝日新聞で交通事故遺児を励ます会結成を呼びかけ
	4・30	交通遺児を励ます会、16人で発足
	7・3	岡嶋、玉井との出会い。二人三脚で励ます会活動
	10・22～10・29	励ます会、第1回街頭募金。30万4999円。同会の募金約1000万円が交通遺児育英会の発足の資金に
1968	4・15	アフタヌーンショーで作文「天国にいるおとうさま」（中島穣）が紹介され、田中総務長官、遺児の全国調査を確約
	12・20	衆院交通安全対策特別委員会が「政府は財団を設立すべきだ」と決議。のちに閣議了承
1969	5・2	「財団法人・交通遺児育英会」設立
	10・13	第1回の奨学金を送金
1970	6・18	秋田大学の桜井義雄、交通遺児募金（のちにあしなが学生募金）を提唱。6人が全国の大学を徹底オルグ
	7・24	「高校奨学生のつどい」スタート
	10・6	第1回学生募金。475団体。2286万円
1972	3・25	機関紙「君と581・2271」創刊
1973	4・1	大学奨学金、月額2万円でスタート
1974	7・12	山中湖で第2期大学奨学生のつどい
1978	4・9	第1回学生寮「心塾」入塾式
1979	4・19	「あしながおじさん募集」各紙に大きく報道され大反響、森光子さんが電話で申し込み
1982	9・25	「ありがとうあしながおじさん、交通遺児の恩返し献血運動」
1983	9・25	「恩返し災害募金運動」2284万円

	11・27	熊本県で初の災害遺児育英募金が行われる。11万3436円。細川護熙知事も街頭募金に参加
1984	9・1	「災害遺児の高校進学をすすめる会」を奨学生が結成
1985	2・14	高校奨学生代表、中曽根康弘首相に災害遺児調査を要望。首相確約
	4・3	玉井、中国訪問、胡錦濤中華全国青年連合会主席（現国家主席）と会談、会食
1986	12・6	災害遺児作文集『災害がにくい』発刊
1988	4・19	「災害遺児の会」が奨学金設立を発表
1990	1・30	玉井が「朝日社会福祉賞」受賞
1991	10・10	病気遺児救済を訴え、災害遺児らが第1回「Pウォーク10」実施
1993	4・1	「災害遺児の高校進学をすすめる会」「病気遺児の高校進学を支援する会」が、合併し「あしなが育英会」に
1994	3・31	玉井、交通遺児育英会の専務理事を辞任
	10・24	「サンデー毎日」が交通遺児育英会の内紛を「告発スクープ」と銘打って3週連続掲載
1995	1・17	阪神・淡路大震災発生
	1・21	理事会で震災遺児奨学金特例措置を決定
	2・18〜2・19	奨学生らが全国で震災遺児激励募金。1億1000万円
	4・1	神戸事務所を開設
	8・23	震災遺児訪問調査を実施。812人のボランティアが204世帯訪問
	12・15	単行本『黒い虹』を発刊
1996	3・30	理事会・総会で、全遺児支援と心のケア重視の新会則を承認
	11・10	第11回あしながPウォーク10。Jリーグ選手375人がボランティアで参加
1997	2・1	レインボーハウス建設支援の「マザー・グース」コンサート。黒柳徹子さんらが参加
	10・1	がん遺児文集『お父さんがいるって嘘ついた』発刊
1998	3・28〜10・18	あしながガン遺児ウォーク6000を実施
	4・1	玉井、あしなが育英会会長に就任
1999	1・9	神戸レインボーハウス竣工式
	2・6〜2・7	コロンビア大地震への激励募金。あしなが運動史上初の国際支援活動
	3・22	第1回ファシリテーター養成講座
	10月	トルコと台湾へ「癒やしの使節」派遣
	10・23	第59回学生募金。初めて自死遺児のことを重点的に訴える

2000	4・6	台湾版虹の家「彩虹屋」オープン
	4・13	文集『自殺って言えない』発刊
	5・23	あしなが育英会・神戸レインボーハウスが第54回「神戸新聞平和賞」受賞
	8・5～8・13	第1回国際的な遺児の連帯をすすめる交流会
	9・17～10・8	「東京レインボーハウス（現名称あしながレインボーハウス）」建設募金を全国で実施
2001	4・24	天皇・皇后両陛下が神戸レインボーハウスご訪問
	12・3	自死遺児学生らが小泉首相に自殺防止に関する陳情を行う
2002	3・30	阪神タイガースがヘルメットに「あしなが育英会」の名前を冠して支援キャンペーン（02年シーズン通して）
	5・12	第22回あしながPウォーク10、初めて海外遺児支援を打ち出す
	10・4	ウガンダ共和国で国際NGO「ASHINAGAウガンダ」事務所開設
	10・24	自死遺児文集『自殺って言えなかった。』発刊
2003	1・23	NHK「にんげんドキュメント」で自死遺児の特集。計4回放映
	3・27	『あしなが運動と玉井義臣』発刊
	12・1	ウガンダ・レインボーハウス竣工式
2004	2・13	あしなが育英会が「朝日社会福祉賞」受賞
	11・8	「あしなが心塾レインボーハウス」の設計が完了。06年2月竣工予定
2005	8・1～8・15	つどい史上初、「第1回インド洋大津波遺児らと日本の遺児のコラボレーション」
2006	2・14	あしなが心塾レインボーハウス竣工式
	4・2	ウガンダのエイズ遺児ナブケニャ・リタさん来日し、あしなが心塾に入塾。早稲田大学に入学
2007	7・30	「つどいの原点回帰」自助自立を改めて認識し強いリーダー養成
	12・22	あしなが運動の先駆者・山本孝史参院議員ががんで死去
2008	7・13～7・17	中国・四川大地震被災者へ心のケア班を結成しケア活動を実施
	10・5	17年ぶりに「第20回遺児と母親の全国大会」開催
2009	11・14	玉井、オバマ大統領が来日した際の講演に招待される
2010	6・28	玉井、40年間のあしなが運動を綴った『だから、あしなが運動は素敵だ』刊行に先立って天皇、皇后両陛下に献上、謝意をいただく
	7・9	〝元祖〟あしながさん、上田郁美さん逝去、享年88
	7・27	『だから、あしなが運動は素敵だ』出版記念会の席上でアフリカ遺児支援「100年構想」公表

	10・2～10・25	第1次アフリカ視察団
	12・13～12・19	第2次アフリカ視察団
2011	1・9	玉井、NHK教育TV「こころの時代——〝愛の連鎖〟を築く」に出演
	2・5	あしなが育英会、第2回日本ファンドレイジング大賞受賞。
	3・11	東日本大震災発生
	3・13	アフリカ出張中の玉井、ただちに帰国して緊急対応本部設置。本部長として陣頭指揮。地震・津波遺児に生活特別一時金の給付を決定
	4・11	あしなが育英会東北事務所開設。東北レインボーハウス（仮称）建設の決定
	5・11	トルコ共和国コジャエリ大学経済学部と教育学部で玉井、あしなが運動に関して講義
	6・15	ニューヨークのタイムズスクエアで東北津波遺児、同時多発テロ遺児らと街頭募金。CNN、BBCなど海外メディアが大々的に報道
	9・9	あしなが育英会副会長の藤村修、野田佳彦新内閣の官房長官に就任
	9・14	東日本津波遺児、中国・大連での夏季ダボス会議に招待される。被災地・仙台育英高校獅子太鼓部、復興を誓う和太鼓を会議で披露
	10・18	あしなが育英会、国際ファンドレイジング協会の世界のベスト5の一つに選ばれる（団体賞）
	12・12	パリ・エッフェル塔前のシャンドマルス公園で津波遺児らが街頭募金
	12・18	ロシア・メドベージェフ大統領夫人、津波遺児を招待
2012	1・1	小説『あしながおじさん』発刊100周年を機に、アフリカ各国遺児の米国や日本の大学への進学計画スタートさせる
	2・25	野田首相、首相官邸であしなが日本女子ユース東北選抜ブラジル遠征親善試合チームを激励
	2・26～3・6	津波遺児支援ブラジルキャンペーン。あしなが日本女子ユース東北選抜ブラジル遠征親善試合、募金活動
	3・18	ロサンゼルスマラソンで津波遺児支援募金活動（3・13～3・21）
	3・31	第35回理事会・第32回評議員会にてあしなが新体制発足
	5・4	ウガンダ・マケレレ大学にて玉井会長記念講演
	6・13	秋篠宮ご夫妻、あしながウガンダをご視察
	8・25	リタさんが、米国バッサー大学（小説『あしながおじさん』著者のジーン・ウェブスターの出身校）に特別研究員として1年留学へ

（あしなが育英会作成）

「メディアウオッチ100」

東日本大震災発生直前の2011年3月8日に発刊した電子版のメディア評論・情報紙。新聞、放送などの記者OBと、取材対象でもあった大学教授、弁護士、官僚OB、企業経営者らが参加、週3回、メディアの報道をチェックし、その背景を分析する記事を毎号10本程度、紙面化し、メールで会員に送信している。執筆する同人は186人で、すべて署名記事。「福島第1原発を襲う大津波」のスクープ写真を掲載した号外（11年3月22日）を出すなど、特ダネ情報も発信している。また、「長期インタビュー」や事件の真相を追う「特別レポート」なども掲載、山崎正和、野中広務、武村正義、小倉純二、矢野絢也、杉原泰雄、山岸章、各氏らが登場した。

編集は同人で組織する「メディアウオッチ100人会」。

編集長＝今西光男（朝日OB）、幹事長＝仮野忠男（毎日OB）、編集デスク・スタッフ＝仮野、松田雄三（毎日OB）、山城オサム（産経OB）、長沼節夫（時事OB）、磯村順二郎（シンクタンク研究員）。同人推薦委員長＝河谷史夫（朝日OB）

半年9000円、1年15000円の購読会費（個人）で運営している。運営会社は㈱メディア評価研究会（代表・今西光男、東京都新宿区市谷本村町3-17-209）

公式ホームページ　www.mediawatch100.com

志高く WORK HARDでがんばらなあかん

玉井義臣——あしなが運動のすべてを語る

2012年9月10日　初版第1刷発行
2012年10月25日　初版第2刷発行

編著者　「メディアウオッチ100」
発行者　高井隆
発行所　株式会社同時代社
〒101-0065　東京都千代田区西神田2-7-6
電話 03(3261)3149　FAX 03(3261)3237
写真　渋谷敦志・あしなが育英会
装丁　クリエイティブ・コンセプト
組版　有限会社いりす
印刷　株式会社シナノパブリッシングプレス

ISBN978-4-88683-730-1 Printed in Japan